九莲帐书

——叩问苍穹的文化之旅

陈江风　曹阳　杨远等　编著

大象出版社

图书在版编目(CIP)数据

九莲帐书——叩问苍穹的文化之旅/陈江风,曹阳,
杨远等编著. —郑州:大象出版社,2012.11
ISBN 978 - 7 - 5347 - 6162 - 1

Ⅰ.①九… Ⅱ.①陈… ②曹… ③杨… Ⅲ.①风俗
习惯—介绍—辉县市 Ⅳ.①K892.461.4

中国版本图书馆 CIP 数据核字(2012)第 277317 号

九莲帐书

——叩问苍穹的文化之旅

出 版 人 王刘纯

责任编辑 成 艳

责任校对 裴红燕 吴春霞

装帧设计 力源文化

监 制 杨吉哲

出版发行 大象出版社(郑州市开元路 16 号 邮政编码 450044)
发行科 0371－63863551 总编室 0371－63863572

网 址 www.daxiang.cn

印 刷 河南大美印刷有限公司

经 销 各地新华书店经销

开 本 787×1092 1/16

印 张 12.75

字 数 124 千字

版 次 2013 年 4 月第 1 版 2013 年 4 月第 1 次印刷

定 价 68.00 元

若发现印、装质量问题,影响阅读,请与承印厂联系调换。

印厂地址 郑州市索凌路北段

邮政编码 450004 电话 (0371)63789164

编 委 会

西莲寺山门——观音楼

西莲寺祖师殿

图画帐——地盘

图画帐——天盘

星　盘

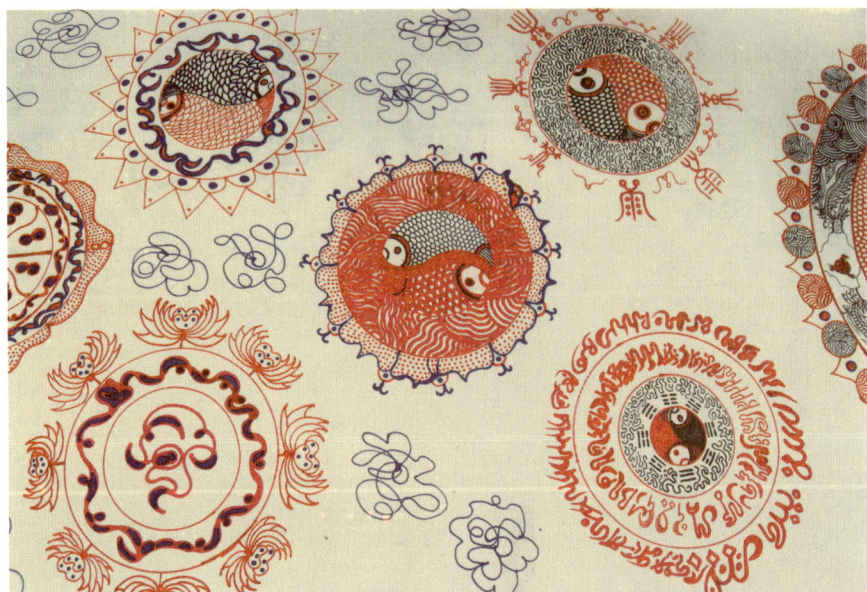

阴阳八卦帐

图符帐

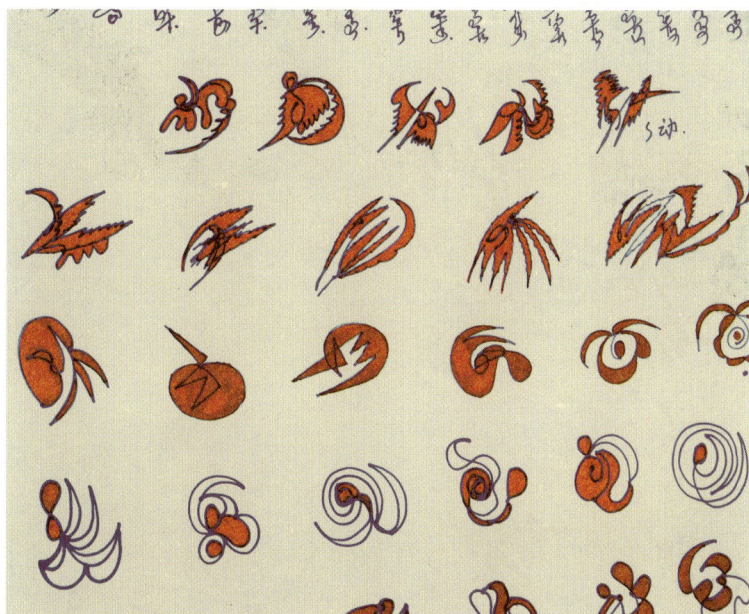

图符帐

百蝶图

银河七彩浪花盘　　　　　　　　天　盘

星　盘

版画帐

剪纸帐

图画帐——地盘

星　盘

图画帐——鱼跃龙门

图画帐

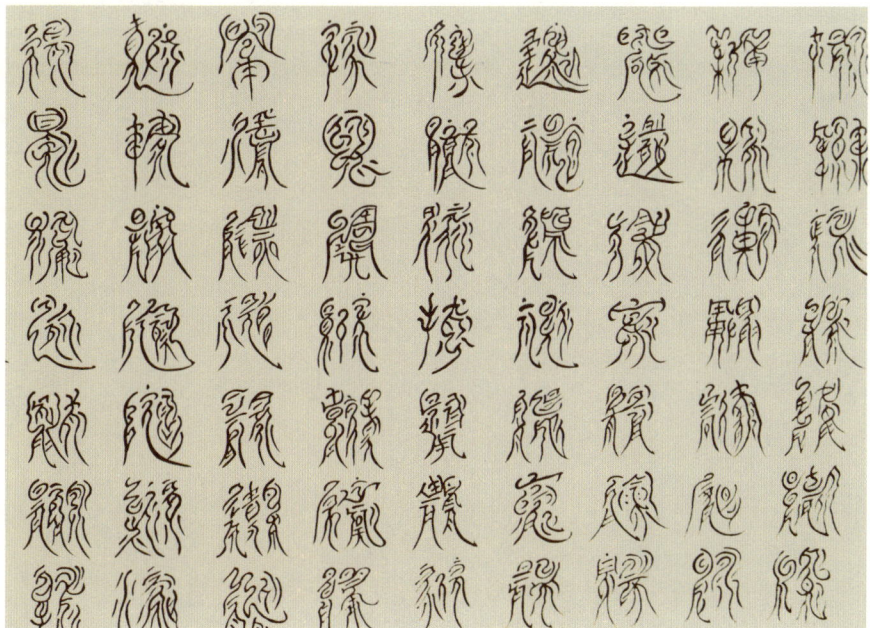

文字帐

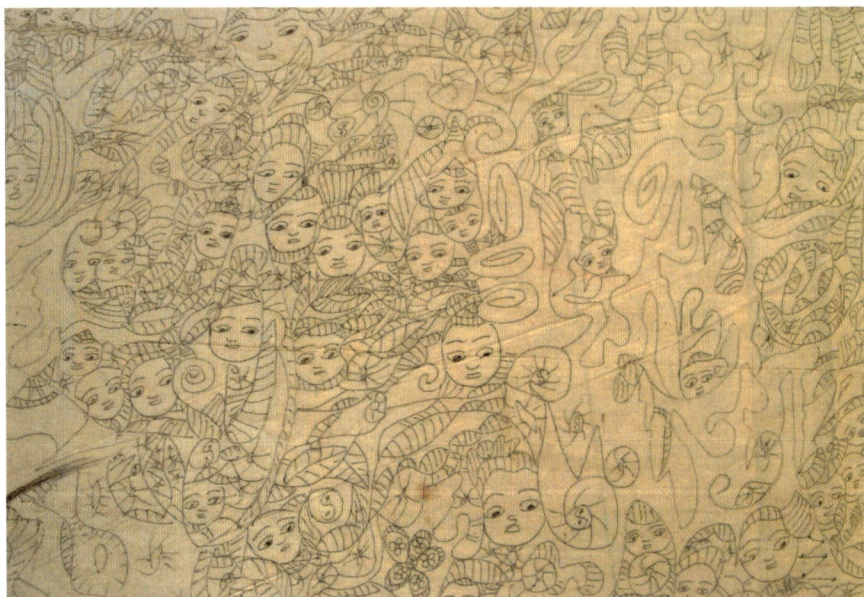

图画帐

图画帐

文字图画帐

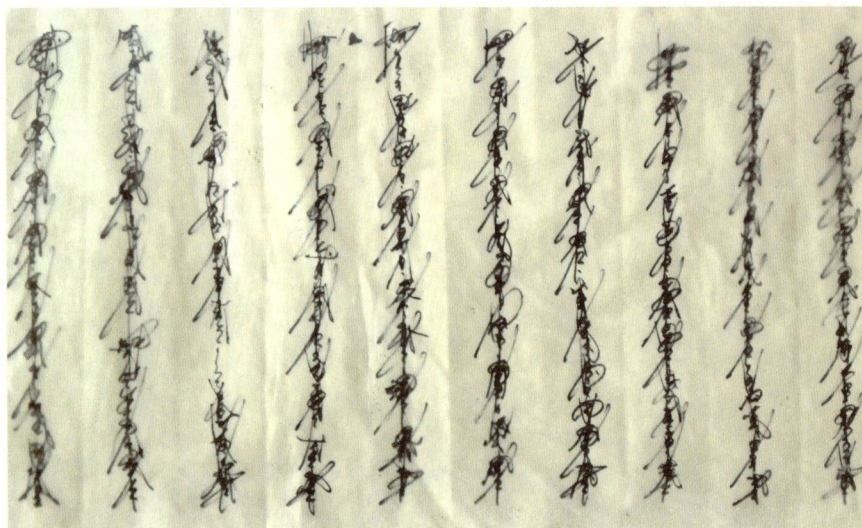

文字帐

玄机帐

蝴蝶盘(刺绣)

陈江风教授主持九莲山帐书研讨会

郑州轻工业学院非物质文化遗产研究中心人员考察九莲山帐书文化

九莲山学术研究基地成立时中心副主任曹阳教授致辞

九莲山学术研究基地揭牌时合影

序 一

2008 年 6 月，我们在进行"河南省民间文化遗产抢救工程"的调研过程中，发现了九莲山群众精神生活中的文化现象——手绘的"帐书"。帐书文化是一个很有难度的研究课题，既有很高的学术价值，牵涉的问题又比较多，因此，随后虽多次邀请众多学者对其进行了研讨，学者们也就其属性、发展源流、神秘的图画、书法等问题提出了多种看法，但大多没有公开发表。郑州轻工业学院非物质文化遗产研究中心的陈江风、曹阳、邵元珠、杨远等专家、教授，一直关注九莲山帐书文化的研究，当他们把《九莲帐书——叩问苍穹的文化之旅》一书付梓前送到我的案头时，我感到十分惊喜！

经过三年的科学调查分析，《九莲帐书——

叩问苍穹的文化之旅》从四个方面对九莲山帐书相关问题做了系统、深入的剖析研究。第一个方面是帐书的性质问题，这一直是学界关注的焦点。在该书中，作者首先从其创作的题材、技法、色彩、构图等方面对其做了系统的分析研究，并结合这些手绘帐书为民俗信仰服务的用途，提出九莲山的帐盘属于宗教信仰中的民间美术的学术定位。第二个方面，作者从帐书文化发展的脉络研究了其历史流变过程，这个意义非常大。九莲山帐书是不是文化遗产？自从其被发现后，学界有不同的认识。判断一种文化是不是遗产，主要看这种文化产生的历史和发展的脉络是否清晰。该书的作者对这一问题做了清晰的阐释，就是从其图案的源头、"帐"的名称的由来等方面做了系统的研究，从其研究看，这种帐书有悠久的历史，是对传统文化的继承发展，在每个历史时期都有不同的表现形式且延续至今，显然应该属于文化遗产的范畴。第三个方面是关于九莲山帐书中的文字研究，这个问题以前尚未引起关注，该书作者从民间文字的角度切入，研究了其文字组成的方法、特征等，这个成果也非常重要，为我们正确认识九莲山帐书提供了一个新的视角,同时也揭开了其神秘的面纱。最后,作者又从学术的角度,指出对这种传统的民俗文化艺术,应该心存温情与敬意地去对待其作为文化遗产的研究价值和认识价值。

《九莲帐书——叩问苍穹的文化之旅》将头绪纷繁芜杂的帐书文化艺术进行了多角度研究,提出了诸多真知灼见,为我们正确认识九莲山帐书文化提供了新的研究视点,殊为不易。该书内容丰富,结合翔实的材料,图文并茂、条理清晰地研究了帐书的性质、源流、民间文字等,触碰到了一些敏感话题,具有极高的理论研究深度,是第一部致力于九莲山帐书文化艺术研究的理论成果。

该书的完成也反映了郑州轻工业学院非物质文化遗产研究中心学者对于河南省民间美术遗产的深切关注和高度责任心,令人敬佩!郑州轻工业学院非物质文化遗产研究中心成立于2008年初,是河南省高校中成立较早的非物质文化遗产研究机构,自成立始,他们就致力于河南民间美术遗产的研究,申报并完成了多项重要课题的研究工作,取得了非常显著的成绩。《九莲帐书——叩问苍穹的文化之旅》是该中心成立后在较短时间内完成的关于民间美术遗产研究方面的第一部著作。近闻该中心又确立了河南民间美术传承人口述史的研究课题,这也是我省民间美术遗产研究的缺环,颇感欣慰。"千里之行,始于足下",我们期待着他们在河南民间美术遗产研究方面有更多的突破,为河南省非物质文化遗产研究做出更多的贡献!

夏挺群

2012 年初夏

(作者为中国民间文艺家协会副主席、河南省民间文艺家协会主席)

序　二

　　河南省民间美术资源丰富,品种浩繁,具有悠久的历史渊源和博大精深的文化内涵,是民族文化瑰宝的重要组成部分,也是河南省社会主义现代化建设的重要政治资源、道德资源和文化产业资源。为抢救河南民间美术资源,几年前,我们开始启动民间美术资源的调查和整理研究,这项任务就重点交给了郑州轻工业学院非物质文化遗产研究中心来做。该中心的学者以河南民间美术资源作为研究对象,做了大量的调查研究工作。特别是他们对九莲山帐书进行了长期的调查研究与探讨分析,即将面世的《九莲帐书——叩问苍穹的文化之旅》就是该中心取得的重要成果之一。

　　九莲山地处豫西北太行山脉南麓,是晋、豫、冀三省交界之地,地处偏远,长久的历史积淀在这里形成了丰厚的民俗文化土壤,九莲山交帐活动就是这个地区新发现的一种独特的民俗信仰事象。伴随着这种民俗信仰,产生了"帐书"这种载体,其具有丰富的传统文化意蕴和民间艺术特色。人们对这种文化给予了特别关注,并对其文化现象进行了尝试性的解读。郑州轻工业学院非物质文化遗产中心的学者多次赴九莲山考察,并多次组织帐书研讨会,最终形成了自己的研究成果——《九莲帐书——叩问苍穹的文化之旅》。我有幸先览书稿,现将部分体会总结如下:

第一,该书是第一部系统地介绍和研究九莲山帐书文化的著作。九莲山帐书现象虽然历史已久,但是只是一种民间信仰事象,长期以来没有得到学者的关注和深入的剖析。

第二,该书内容丰富、资料翔实。书中大量的图片多数是编者在不同时期考察时所拍摄,使读者对不同题材内容的帐书艺术有了非常直观与感性的认识。九莲山帐书是一种比较特殊的文化现象,在帐书完成之后,一般写帐人会将其烧毁,即为"交帐",能够保存下来的甚少。

　　第三,该书从多个角度展开对九莲山帐书艺术的研究,涉及艺术、民俗、文学、文字、哲学等多个学科。

　　第四,该书的编者对九莲山帐书艺术提出了独到的见解和观点。如书中对九莲山帐书的社会功能的认识、九莲山文化品牌建设的建议、九莲山帐书中民间文字的研究、如何认识九莲山民俗文化等方面都提出了自己的论点。

　　《九莲帐书——叩问苍穹的文化之旅》的编者,在大量调查研究与分析探讨的基础上,从多个角度对九莲山的帐书文化进行了深入的分析与研究。相信此书的出版,将使广大读者加深对九莲山帐书文化的了解,必然有助于推动河南省非物质文化遗产研究的进程。

2012 年 5 月

　　(作者为河南省民间文艺家协会副主席、秘书长)

引　言

　　2008 年 6 月,河南省新乡市民协在实施中国民间文化遗产抢救工程和非物质文化遗产普查工作中发现了神秘的"帐"及其民俗信仰事象。九莲山西莲寺的帐文化逐渐走入世人的视野,人们对这种文化给予了许多关注,并对其文化现象进行了尝试性的解读,形成了种种谜团,如"帐"的创作者们从没有学过美术,却画出了奇特的图画。他们不识字,却写出了"天书"。难道真的有神灵指示?难道真的是天意使然?为剖析这一文化现象,我们多次赴九莲山考察,不仅收集了大量资料,而且还发现了目前最早的有关帐书的图像资料。我中心的学者从不同的角度出发开展研究,逐步形成了自己的看法和认识,现将部分研究编著如下,权作抛砖引玉,以供参考。

目　录

第一章
九莲山的自然、人文概况

第一节 九莲山的地理历史概况

据清朝道光年间的《辉县志·山水》记载:"九莲山在石门口内西部,上有九峰,形如莲花,故名九莲山。"九莲山位于河南省新乡市辉县上八里镇松树坪村(图 1-1),属太行山最美的一段——南太行,距新乡市 55 公里,距郑州市 120 公里,距新郑机场 150 公里,附近

图 1-1
九莲山地理位置图

公路有 106 国道、107 国道、京珠高速、济东高速,铁路有京广线、新菏线、新焦线等,交通便利。该山形成于距今 8 亿年至 5.7 亿年之间的元古代的震旦纪和古生代的寒武纪,由于地壳运动所形成。其自然环境优美,有呈"V"字形的两条大峡谷和一条长约 15 公里的雄伟绝伦的红岩绝壁,景区总面积约 20 平方公里。

两条大峡谷中,其中一条名叫西莲峡,路尽谷穷,九潭相连,高约 120 米的瀑布终年流水潺潺。峡谷尽处的另一面,在悬崖上有"之"字形云梯,共 7 道弯、999 级石阶。登上石阶,在苍莽群山之上、悠悠碧空之下,是西莲寺和西莲村共处的九莲台,站在九莲台远望,逶迤的九座山峰犹如九朵莲花盛开,故名九莲山。另外一条峡谷名叫关后大峡谷,终年流水,此峡谷瀑布有七八条之多。峡谷内奇石怪壁,珍花异草;两岸众山簇拥,亘古寂寞,鲜少人来,纯自然、原生态,故活跃着许多太行猕猴。峡谷内融秀山、奇石、茂林、幽潭于一体。

"山似莲花台上生,水如明珠谷中洒。"从松树坪向北方向,途经大块地、一线天等地,在海拔一千余米的山崖上有一座寺院,名叫西莲寺,又名西新寺,这里原本是一个名叫西莲的村庄,包围这个村庄的山峰共有九座,呈莲花的形状,位居峡谷的西山,人们就给它取了一个美好的名字——西莲。

西莲寺位于西莲村中(图 1-2),坐北朝南,根据地形,东面临通慧河,西面靠西山坡,所以西莲寺是一座不设围墙的寺院,规模较大,共有五进院落(图 1-3)。山门根据地形而设,稍偏向西南,是一

图 1-2　九莲台上的西莲寺和西莲村

座面阔三小间的二层阁楼,用青石砌的墙壁,底层中部做成拱券形的通道,作为山门的入口。两侧为两小间房子,上层是观音楼,四周有石柱廊,顶为绿色琉璃瓦的歇山顶。楼内供奉持净瓶柳枝的观音菩萨,旁伺善财童子和龙女。

　　后面进入西莲寺正院,第一进院落是天王殿,面阔三间,进深一间,用青石垒砌,左右带有石柱廊,顶用黄色琉璃瓦,单檐歇山顶,檐下有彩画的枋、阑额等木构建筑。殿内供奉弥勒佛,两旁侍立四大天王,分别是持琵琶的东方持国天王、持索的西方广目天王、持宝剑的南方增长天王、持宝伞的北方多闻天王。天王殿的东侧有配殿一

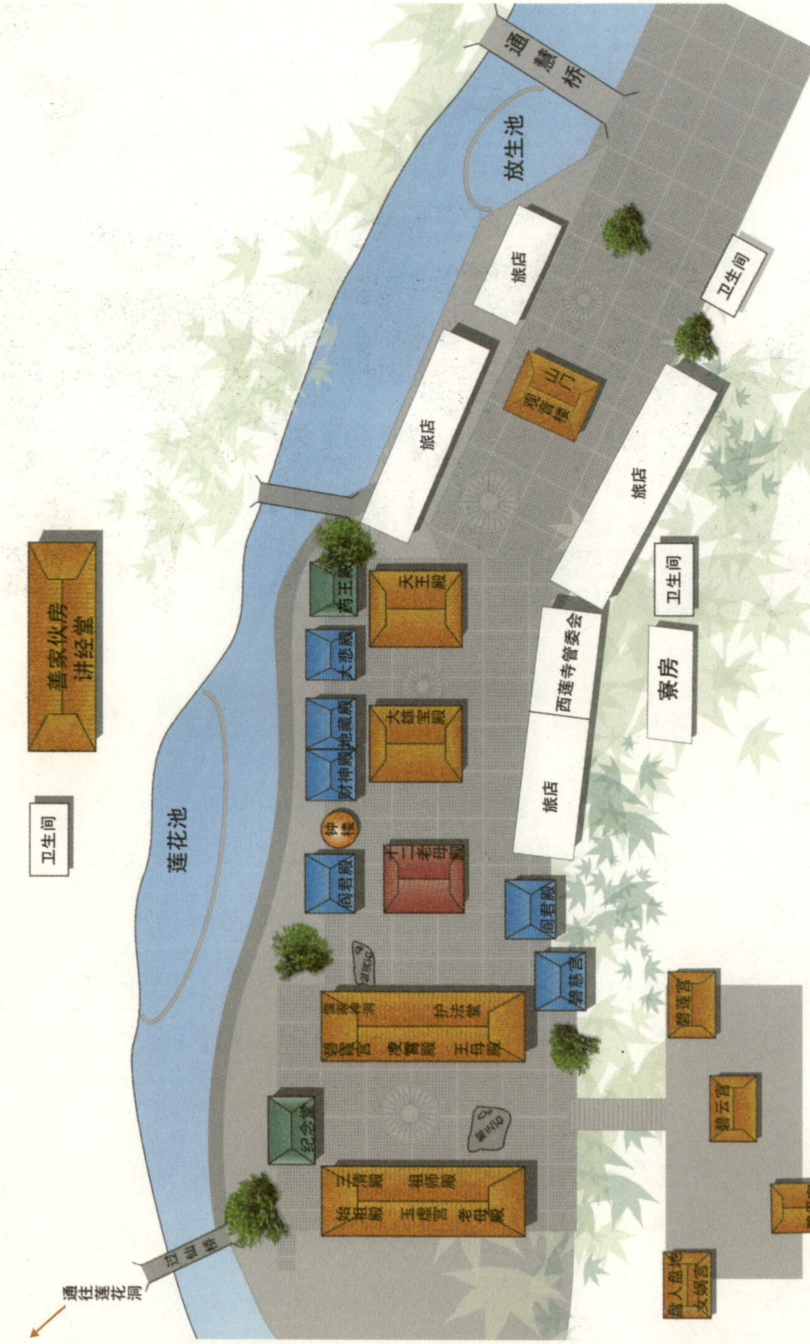

图 1-3　西莲寺平面图

图 1-4 西莲寺大雄宝殿

座——药王殿,坐东朝西,是一座硬山式的建筑,用青石垒砌,黄色琉璃瓦顶,殿内供奉药王爷。

第二进院落是大雄宝殿(图1-4),是一座用青石垒砌、左右带有石柱廊、面阔三间的重檐歇山顶建筑,顶用黄色琉璃瓦,檐下有彩画的枋、阑额等木构建筑。殿内供奉释迦佛,旁有阿弥陀佛、药师佛、文殊菩萨、普贤菩萨。其东侧有两层配殿三座,由南往北,分别为大悲殿、地藏殿、财神殿,均是用青石垒砌,前有柱廊,面阔三间的硬山式建筑。大悲殿为绿色琉璃瓦顶,地藏殿、财神殿为简易的石棉瓦顶。大悲殿供奉千手千眼观音菩萨,地藏殿供奉地藏王菩萨,财神殿供奉武财神、包公。

第三进院落是十二老母殿，面阔三间，进深一间，用青石垒砌，顶为绿色琉璃瓦硬山顶。所供奉十二老母分别是西天老母、观音老母、泰山老母、劈山老母、送子老母、顺天老母、无生老母、地母娘娘、普贤老母、文殊老母、托天老母、金身老母。东、西各有配殿一座，均为阎君殿，分别供奉十大阎君。东、西配殿均用青石垒砌，顶均用灰瓦覆盖，硬山顶，出前檐。

第四进院落为护法堂等建筑，主体为面阔三间、进深一间的两层楼阁式建筑，用青石垒砌，上为黄色琉璃瓦的硬山式建筑，下为护法堂，供奉西天达摩佛祖，旁有十八罗汉；上为凌霄殿，供奉玉皇大帝，旁有托塔天王、太白金星。紧挨着凌霄殿的西面，根据地形又建有一座王母殿，面阔三间，进深一间，出前檐，前廊与凌霄殿相通，殿内供奉王母娘娘。东部也建有面阔三间、进深一间、灰瓦硬山式两层建筑，二层前廊也和凌霄殿相通，下为儒家神洞，供奉鸿钧老祖等；上为碧霞宫，供奉大奶奶碧霞元君、二奶奶紫霞元君、三奶奶佩霞元君。院内有一天然的大石，名仙洞石。院内西侧另建有碧慈宫，面阔三间，进深一间，是一座青石砌墙、绿色琉璃瓦覆顶的硬山式建筑，殿内供奉眼光奶奶、耳光奶奶、拨灯奶奶。

第五进院落是祖师殿等殿堂，是一座面阔九间的两层楼阁式建筑，是用青石垒砌，黄色琉璃瓦覆顶的硬山式建筑，出前檐。其中下层西部是高地，仅有中部和东部六间，分别为祖师殿、三清殿。祖师殿在中间，供奉真武大帝，三清殿在东边，供奉元始天尊、太上老君、通天教主。上层九间，前廊相通，西边是老母殿，供奉九莲老母；中为玉虚宫，供奉鸿钧老祖；东为始祖殿，供奉盘古、伏羲等祖先神。在院落东侧另建有一座面阔三间、黄色琉璃瓦的硬山式建筑——纪念堂，供奉开国伟人毛泽东等。

在第五进院落西侧的山腰处，依山势另建有四座殿堂，分别是碧莲宫、碧云宫、碧母宫和女娲宫。其中碧莲宫供奉三圣母、西天老母、金身老母；碧云宫供奉白玉奶奶、劈山老母和地母娘娘；碧母宫，也称聚凤洞，供奉无生老母和托天老母；女娲宫供奉女娲。

在这五进院落的数十间殿堂中，正殿奉佛，侧殿敬道，从始祖神（盘古、神农、伏羲）到道家神祇（元始天尊、灵宝天尊、太上老君、玉皇大帝和西天老母等）、佛家诸神（释迦牟尼、观音菩萨等）、地方神祇（如九莲老母）等诸路神仙，应有尽有，一年四季香火旺盛不衰。西边山崖上还有四座殿堂，庙宇后边还有莲花洞，供奉着悟空等各路神仙，所以这里就逐渐成为民众信仰的圣地。

关于西莲寺的始建年代，尚不详细，但从一些地名，如王莽岭、刘秀城等，就可以看出其历史悠久。据相关记载，至迟在唐时已建寺观，属于道教圣地。目前，在西莲寺发现有散落的清代康熙、雍正时期的石碑多块。从碑刻资料看，仅存有明清时期的碑刻，大多已残破不全，漫漶不清，但从碑刻看，明清时期，西莲寺的香火应该是非常旺盛的。

《灵应储祥》碑，现存河东路边，碑面正中刻有"灵应储祥"，右边

图 1-5
《灵应储祥》碑
（左为碑刻，右
为拓片）

刻"直隶大名府滑县城南二十□。许人氏现在常家□居住"，左边落款
"昔康熙五十九年二月十五日吉旦"，中间字迹漫漶不清（图1-5）。

　　《朝谒九莲老母灯油圣会四季完满勒石记》碑，现存于十二老母
殿西侧，是雍正时期的一通碑，碑面正中刻有"朝谒九莲老母灯油圣
会四季完满勒石记"，上面记录了西莲寺附近参加九莲老母灯油圣
会的人员名单，并落款"雍正十一年三月初三日"（图1-6），碑刻周
边线刻花卉图案装饰，其中可以看到莲花纹样。

　　另外还有两通清乾隆年间的石碑，一是《朝谒九莲无生老母圣
会四季圆满碑》，碑刻落款"乾隆六年二月十四日"；二是乾隆功德
碑，落款是"乾隆五十九年□月"。

图1-6 《朝谒九莲老母灯油圣会四季完满勒石记》碑(左为碑刻,中为拓片,右为局部)

在西莲寺的廊檐上、柱子底座上和碑上,莲花的图案最多,很好地突出了这里的一大特色,宣扬了"入佛门心平静改恶归善,扶众生渡苦难福寿延年"的佛家思想。相传唐玄奘偕徒弟赴西天取经,误走此地,见此地山势神奇、庙宇众多,这里的藏经阁中经书数量极多,就说:"还有谁需要再度取经,此地很值得一来。"所以,后来这里就有了今天的"小西天"美称。

著名作家田中禾在其《九莲三奇》游记中,将具有江南韵味的九莲山山水、极具民间特色的"小西天"寺庙群,以及神秘的"九莲帐书"合称"九莲三奇",赞之曰"景在险峰,庙在民间,帐在心灵"。

第二节　九莲山的民俗风情

九莲山西莲寺地处偏远，山势陡峭，只有一段陡峭的石阶可以攀登进入，所以对外交通不便，相对隔绝，这里的人们在山中稍微平坦的地方开垦荒地，建造房屋，过着日出而作、日落而息，自给自足的生活，俨然世外桃源。

一、独具特点的民俗信仰

九莲山民风淳朴，伴随着人们生活水平的提高，这里产生了复杂、独特的民俗信仰，其特点主要表现在三个方面。

第一方面是从信仰的对象来看，西莲寺民俗信仰纷繁芜杂，儒、释、道三教杂糅，各路俗神一应俱全。既有传统的神灵，如道教的太上老君、鸿钧老祖、王母娘娘、玉皇大帝，佛教的弥勒菩萨、观音菩萨，人类始祖伏羲、盘古、女娲等；又有根据需要自由创造出的神灵，如九莲老母、耳光奶奶、眼光奶奶等；还有对伟大领袖毛泽东主席的信仰。而且九莲山诸寺神灵的安放组合自由，没有严格的秩序安排，如十二老母殿的西天老母、观音老母、泰山老母、劈山老母、送子老母、顺天老母、无生老母、地母娘娘、普贤老母、文殊老母、托天老母、金身老母的安放，就非常随意，而且各寺说法不一。总之，西莲寺是各种民俗信仰的集中地，具有很强的原生态意味，这在其他地方的民俗信仰中是少见的。

第二方面是定期进行民俗信仰活动，内容独特有序。其时间主要定于阴历的三月三、六月六、九月九，一到这些日子，这里都要举行各种形式的祭神香会。在香会上，信众要把事先写好、绘好的"帐书"交给各路神仙，要通过开帐、唱经表达意愿，最后交帐。其中尤以"九莲老母灯油圣会"最为繁华，根据《朝谒九莲老母灯油圣会四季完满勒石记》《朝谒九莲无生老母圣会四季圆满碑》等多通石碑的碑记记载来看，这个灯油圣会兴起于明末清初而盛于清雍正年间，参会的主要是周边和境内民众。每到这些香会时日，各地香客不畏山高路远，摩肩接踵，纷至沓来，以求"八卦山修正果，九莲台悟真谛"。

另外，还有一些特别的节日也进行简单的信仰活动。如阴历正月初九，当地认为是玉皇大帝诞辰日，也有香客进行交帐活动。但相较于三月三、六月六、九月九这些时间的活动，就逊色多了。

第三方面是当地人们的生活和精神活动融于一体，人神共处。西莲寺坐落于西莲村中，最初的寺庙和民居一样只有几间房子，和当地人的住宅一样，有很多人白天劳动，晚上拿上铺盖卷儿就居住在寺内，至今还保留着这种习俗，很多人习惯以唱经、唱歌的方式来娱神或自娱。随着来此朝拜的信众人数的增多，靠民间集资逐渐扩大了寺院建筑，晚上在这里居住的人就更多了。这种生活方式是西莲村的一大特点。

二、与中原各地相仿的习俗

九莲山的一些习俗更多受到了中原传统文化习俗的影响。虽然随着现代社会的快速发展，山里的人们逐渐走向了富裕，很多人也逐渐搬出了当地，融入了城镇生活，九莲山人的习俗也在发生着重大变化，传统的习俗逐渐在消失，但在一些重大节日，我们还可以看到传统文化习俗的影子。

如过年的习俗，从腊月二十三起到正月十五，每天都有不同的风俗活动，二十三祭灶官，二十四扫房子，二十五磨豆腐，二十六去割肉，二十七蒸枣山，二十八贴年画，二十九去买酒，三十铜钱饺子和拦门棍……不同的时间要进行不同的活动，祭灶、打酒、剃头、守岁、拜年、送穷灰……每天都有不同的讲究，古老的传统在这里得到了真实的保存。如"二十四扫房子"的习俗，当地人相信，经过二十三祭灶，灶王爷上天报告后，上天会派天兵来"视察"。为了打发天兵，人们第二天就开始动手打扫房子，所以腊月二十四这一天是最忙的，一家老小都要帮着干活。扫房子时把家具用床单、废纸蒙上，拿上绑着长把儿的扫帚把屋顶、墙壁、门窗……全部都清扫一遍，家家户户大扫除也就成了延续时间最长久的传统习俗。除了延续灶王爷的传说外，对"二十四扫房子"，当地民间还有另一种说法：腊月扫尘可以扫去灰(晦)气，带来福气。可见习俗的形成和民间俗信直接相关。

再如端午节，在九莲山，端午节主要源于田文端午立新规的传说。老百姓把源于田文的说法称为"躲五"。传说古代的时候，人们把五月称为恶月，五月五日为恶日，此日生的孩子为"五日子"。"五日子"是父母的克星，谁也不敢抚养。齐国的田文是五月五日出生的，父亲几次要害死他，多亏母亲保护，他才幸免于难。但父亲命令他每到五月初五这天，都必须到外祖母家去"躲五"。田文长大以后，做了宰相，便下令改"躲五"为"端午"，说五月五日是个端端正正的吉利日子，此日生的孩子一律不准加害，也无须到外祖母家去"躲五"。自此以后，便有了端午节。端午节的习俗主要有插艾蒿、吃粽子、泡黄酒、吃油炸食品、吃鸡蛋、带五色线等。

"五月里有午端阳，粽子油条泡雄黄。"端午节时，九莲山人不仅要吃粽子，还要吃油炸食品，像油条、麻花、麻叶等，都是人们常做的油炸食品。在众多的油炸食品中，糖糕和菜角是最典型、最有代表性的节日食品。

在端午节这天，有些人家很讲究吃鸡蛋。端午早上，主妇们将鸡蛋煮熟后放在孩子的肚皮上滚几下，然后去壳让孩子吃下。据说这样可以免除孩子的灾祸，日后孩子也不会肚子疼。

受古人五月五日为"恶日"说法的影响，端午节这天民间还有许多消灾祛病、预防瘟疫流行的风俗。如插艾蒿、饮雄黄酒、带五色线都是这种风俗的遗留。采艾蒿的时辰也很有讲究，据说日出以前的艾性凉，可以辟邪，日出以后的艾性热，容易招邪，所以人们都要赶在日出以前上山采艾。当太阳还未升起，中原城乡还笼罩在晨霭之中时，这里的人们已踏着露水上路了。当太阳升起时，家家户户门前已挂上艾蒿了。饮用雄黄酒，人们马上会想到《白蛇传》的故事，想起许仙让白娘娘喝雄黄酒，以至端午节时白娘娘现了原形，吓死了许仙的民间传说。不过，现在喝雄黄酒的人少了，大多是用雄黄酒给孩子抹耳朵、抹鼻子、抹肚脐，据说这样可以避瘟疫、杀蚰蜒、防蛇蝎，还可以预防毒疖。

带五色线是孩子们最欢乐的时候。大人给他们的手、脚系上五色彩线，脖子挂上精美漂亮的香囊。他们神气十足，穿梭嬉戏在人前背后。这种五色线是一种生命的期盼，汉应劭《风俗通》载，"五月五日，以五色丝系臂，名长命缕"，也称"续命缕"，是希望孩子身体健康、长命百岁。另外，孩子是妇女的理想模特，当孩子穿戴整齐，在众人面前炫耀母亲的女红技艺时，妇女们在心理上就得到了巨大的安慰和满足。这些凝结着母亲一片爱心的儿童装饰品，为传统的端午节增添了令人心醉的色彩。

三、传说故事和民间歌谣

在历史的发展过程中，除了上述民俗风情，围绕九莲山也形成了很多民间传说故事,如脍炙人口的九莲老母传说、顺治讨饭传说,还有一些民谣小调等也都形成于此。

1.九莲山和九莲老母的传说

传说,元始天尊的仙府玄都玉京里有一池莲花。这里有个仙女,日日侍奉莲花,和荷莲亲如姐妹,玉京里的神仙们都叫她莲花仙姑。

一天,元始天尊正在打坐闭目静养,太乙救苦天尊匆匆忙忙赶来,说太行山南头一段发生旱灾,三年滴雨不落,山中的泉水都流不出来了;民众是吃不饱穿不暖,扶老携幼,逃荒要饭,苦不堪言。元始天尊听后,立刻发令,派员下凡间到南太行山去。正在这时,莲花仙姑来了,对元始天尊说她愿意下凡去南太行山,救助受灾难的百姓。

元始天尊答应了莲花仙姑的请求,吩咐莲花仙姑:"你去采一朵盛开的莲花,摘下两片莲叶,手持莲花,脚踏莲叶,自会飞腾,日行万里,到祥云出现时,把手中莲花掰下九个花瓣撒向大地,所落之处,就是你在南太行山的落脚修行处,在那里施法普度,保佑众生,显示女神的本领。"

莲花仙姑按照元始天尊的吩咐,脚踏莲叶,轻轻飘起,离开玄都玉京,一缕轻风吹来,耳边呼呼作响,向地上落下。突然,四周一片白里透红的祥云,把莲花仙姑围住。莲花仙姑把手中的莲花掐下九个花瓣抛下来。九个莲花花瓣落在南太行山中,眨眼间,花瓣落下的地方突起九座山峰。接着,莲花仙姑落在这九座山峰中间的一块平地上。她把手中的莲花撒向四周,后来这里就成了一片荷花池。莲花仙姑脚踏两片荷叶随风向东飘去，飘过深谷后落地。

莲花仙姑四下望望，山崖上有个山洞，她就爬山进洞，在这里修行施法救助百姓。她先降了一场大雨，过了一段时间，山上山下灾消祸去，风调雨顺，百姓们脸上都露出了笑容。又过了一段时间，百姓们知道山中来了个女神，施法布道，救苦救难，保佑平安，便纷纷上山，一来叩谢女神，二来求女神赐福免灾保平安。

人来人往，日复一日，渐渐人们知道了这里的九座山峰是莲花瓣变化而成，就把这里叫作九莲山，九莲山中那块平地叫作九莲台。过了不知多少个年头，这里有人居住了，就叫西莲。那两片莲叶落地的地方也有人居住了，一处叫东莲，一处叫中莲。

莲花仙姑在九莲山一待就是十几年，这里山清水秀，百姓善良，使她无意回玄都玉京。元始天尊为了让莲花仙姑静心修行，早得正果，不再召回，只是又加了一条严令：只准苦行修道，不准结亲婚配。

莲花仙姑苦苦修行，为百姓赐福保佑平安。她受南太行山百姓尊重，名声越来越大，声望越传越远。不知又过了多少年，莲花仙姑修得正果不知去向，隔段时间来九莲山显灵布道。朝拜的百姓们日益增多，就改称她为九莲老母。

后来，西莲、中莲、东莲都盖了庙宇，把九莲老母供奉在庙中。四面八方的百姓，成群结队地上九莲山朝拜九莲老母，香火特别旺盛。

2.王莽撵刘秀的传说

在西汉末年，农民起义不断爆发，社会危机加剧，出身外戚世家的王莽便趁机夺取了权力，到公元8年，自立皇帝，改国号为"新"。

王莽掌权后，为了缓和阶级矛盾，颁发诏令，进行改制，实行王田私属制、改革币制、统一度量衡等一系列改制措施。其改革的措施，有些涉及当时社会的重大问题，如针对土地高度集中和奴婢问题实行王田私属制，其目的是缓和土地兼并、农民奴隶化的过程。虽然有一定的进步意义，但这些政策触及了大地主、大商人的利益，如王田制实行后，地主官僚因"买卖田宅"获罪者不可胜数，这样原来拥护王莽的人转而反对改制。再加上刘汉贵族常怀"恢复社稷之虑"、各地农民起义加剧，新莽政权摇摇欲坠。

正当王莽政权分崩离析之际，一些刘汉贵族抱着"复高祖之业"的目的，直接起兵反抗，如南阳大地主刘秀就是其中之一。

刘秀从地皇三年（22年）联络南阳附近各县地主豪强起兵加入反对王莽的战争，经过三年的征战，于更始三年（25年）六月在河北高邑称帝，建立东汉，改元建武，后又经过15年的战争，统一了全国。

后人根据这些历史，附会了很多传说故事。王莽撵刘秀的故事就是其中最脍炙人口的故事之一。而这个故事在很多地方都有流传，如河南南阳的伏牛山区、豫西北的太行山区等都是该传说故事发生的核心区之一，属于太行山脉的九莲山也不乏这样的传说。

九莲山就是太行山系的一段，在九莲山西莲寺附近有一座山峰很像报晓的公鸡，称为鸡鸣山。相传，在西汉末年王莽撵刘秀时，一天夜里来到鸡鸣山下，由于山高路险，王莽就率兵住宿在山岭的南

面；刘秀这时候也人困马乏，就住在鸡鸣山的北面。两个人一山之隔，形势非常危险。第二天早上，两人都是听到鸡鸣起程，但山北面的鸡鸣比南面要早二更，这样刘秀就早出发几个时辰，等王莽追过山岭，刘秀早已踪影全无，致使王莽未能撵上刘秀，刘秀得以登基。后来，人们就把鸡鸣山的南面王莽宿营之地称为"王莽岭"，鸡鸣山北面刘秀歇息之地称为"刘秀城"，至今仍有这样的地名。

3.清顺治讨饭的传说

传说在唐代时，九莲山的山上山下有很多飞禽走兽，人们受不了它们的侵扰，于是祈求上天保佑，这时鸿钧老祖下凡进行了治理，得到了人们的敬奉。当时生病的人很多，鸿钧老祖下界降妖治病，人们的生活才慢慢有了好转。

传说顺治路过此地，到后静宫时饥饿难忍，无法前行，这时正好遇到一位老太太拄着拐杖、背着竹篓在路上走，顺治问："您住在哪里？可带有吃的东西？"老太太说："我住在后静宫，看来你是饿坏了！"老太太就拿出了吃的给顺治充饥。

在吃的时候，老太太说："看你这人不会劳动，五谷分辨不清，必是大富大贵之人，将来你登基了，可别忘了后静宫呀！"转眼间，老太太就不见了。

后来，顺治登基以后，就在后静宫创建寺院，一共建有九个院落，并题词："视之不见求者应，听之不闻报者灵。"

从后静宫出发步行三十分钟可到后台，后台左边是绝壁，绝壁

图 1-7 九莲飞瀑

边上有一条路,在这条路上步行三十分钟可到达一个山洞,过了这个山洞就是山西王莽岭的锡崖沟,很多游客就是穿过这个洞从山西锡崖沟来到后台的。在这绝壁半腰有两个洞,据说第一个洞是盘古修行的洞,第二个洞是劈山老母修行的洞。后台有两座庙,在庙前我们可以看到点兵将,当地人俗称演兵场,庙后有一个天然溶洞,这个洞被水冲刷形成,等到雨季,有一股山泉水流出,两边绝壁回声很响,名曰"响泉"。

后静宫绝壁处有三大奇观。第一奇是苍龙脱裤。在断壁崖上,有一条十余米长的瀑布,形如苍龙爬在绝壁之上,头朝下,水从腹中流出,似龙戏水,整个造型似苍龙脱裤。(图1-7)第二奇是莲花淋浴。在崖根处有一巨石,状如雨伞,石下有莲花图案,水沿莲花向下滴水,状如淋浴喷泉。第三奇是地下擂鼓,在莲花石下有一暗河,半里

之外都能听到水声哗哗作响,如同擂鼓,催人奋进。

此外,对于此地的人文风景和民俗风情,我们也可以从民间歌谣中领略一二。在历史的长河中,当地形成了诸多民谣,现择几首摘录如下:

西 莲

深山古寺是西莲,瀑鸣溪唱猴跳涧。

报晓金鸡引颈歌,迎客玉兔卧山巅。

珍贵青檀根抱石,洁白山菊崖壁悬。

救帝桑树枝叶茂,新近云梯惊且险。

仙人指路达崖顶,香绕古寺磬声远。

王莽岭峙刘秀城,西汉故事连景点。

小扁担

小扁担,两头尖,老母叫俺来担山。

一头担的潭中水,一头担的九莲山。

九莲山上善人多,手捧莲花念弥陀。

小黄豆

小黄豆,圆又圆,磨的豆腐似白莲。

金锅炒,银锅煎,豆腐煎成荷花鲜。

荷花白莲人喜欢,两手捧着敬老天。

老天看着哈哈笑,一年四季保平安。

小剪子

一把剪子做得巧,百种花样都会铰。

上剪天来下剪山,剪个莲花落下来。

还剪山中小庙长,再剪山中九莲潭。

剪个善人来烧香,九莲老母保平安。

第二章
艺术的形式:帐书的艺术
题材和特点

第一节　帐书的概况

一、什么是帐书

帐书,也称为帐、盘、盘乩(有说是"基"、"级"二字)、帐盘、天书,是一些香客按照所谓神的旨意,在纸或布上,或写或绘出的图画符号,其尺寸大小不一,短则几米,长则数百米。对于帐盘上的内容,写帐人自己也不知道他写的是什么。帐写好后要定时定点展帐、开帐、交帐(图2-1~图2-6)。开帐和展帐一般同时进行,就是帐写好后,要择期举行仪式,在信众面前打开,同时一些人用歌谣、舞蹈、戏曲,甚至"宇宙语"逐段解释出帐上的内容,向心中的神诉说。交帐,就是在神殿前用火把帐焚烧掉。

二、帐书的分类

帐书基本上是用书法、绘画、刺绣、剪纸、粘贴、堆塑等形式来表现,但帐书的内容和形式非常丰富。

图 2-1　交帐前焚香祭拜

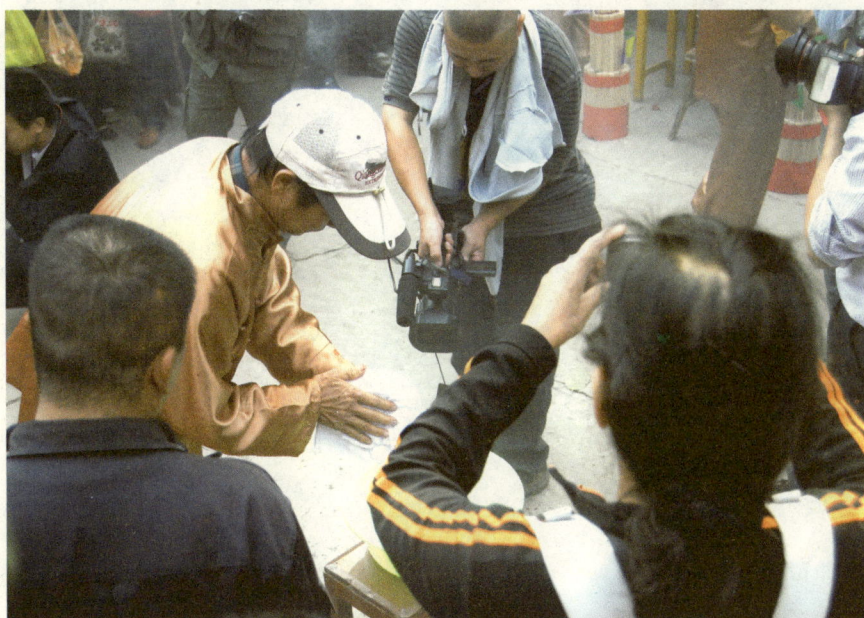

图 2-2　交帐前的净手习俗

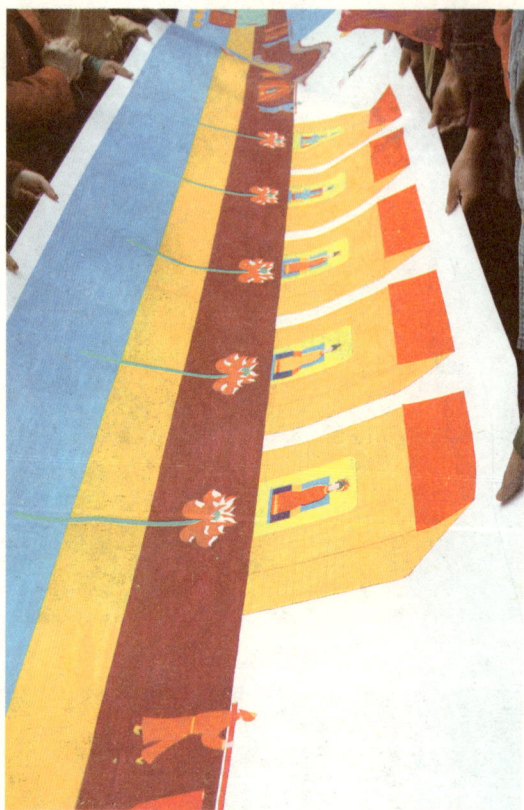

图2-3 香客展帐

按照创作主体，可以分为单独帐、合功帐。单独帐，由一人单独创作完成，自写自交，这类帐占多数。合功帐，一般由二人或多人创作完成，其中一人执笔，另外的人（称为合功人）在旁观看或做些辅助的工作，如展纸、拿笔等。另外，也有人出资资助他人长时间写帐，这种方式创作的帐都称为合功帐。

　　按照帐书的表现内容，可以将帐书分为天盘、地盘、人盘三大类。天盘主要是表现星座、云这样一些天上的世界内容的，这是写帐人个人的想象。地盘主要是表现地狱、地面事物的，如传说中的一些地狱事件（图2-7）。人盘主要是表现现实社会中的一些情况。有单纯的天盘、地盘、人盘，但仅用这三个方面来包容是不够的，实际上它涉及方方面面，包含了很多内容。如有一些综合性的，就是在一幅帐盘上，既表现这种内容，又表现那种内容，它是混合在一起的，所以称为混合

图 2-4 香客用"宇宙语"开帐

图 2-5 交　帐

图 2-6 交帐所用的焚烧炉

型帐书,同一幅帐上既有天盘、地盘内容,也有人盘内容。

按照表现的形式,可以分为图画帐、文字帐和符号帐。文字帐,主要是一些写帐人创作出的具有文字性的帐书,有的类似甲骨文,有的类似鸟虫篆,有的类似汉字书法体,还有少数民族的文字参杂其中,不易辨识,我们分析认为其属于民间文字,我们将在第四章详细分析。符号帐,类似道教的一些符号化的图案,如很多阴阳八卦图等就属于这一类,关于其渊源发展,我们将在第三章具体分析。图画帐,主要是根据一些传说故事、神话故事等创作出的一些具有图画性质的作品,其题材非常广泛,这类帐具有民间美术的性质,我们就其题材内容和艺术特点分述于后。

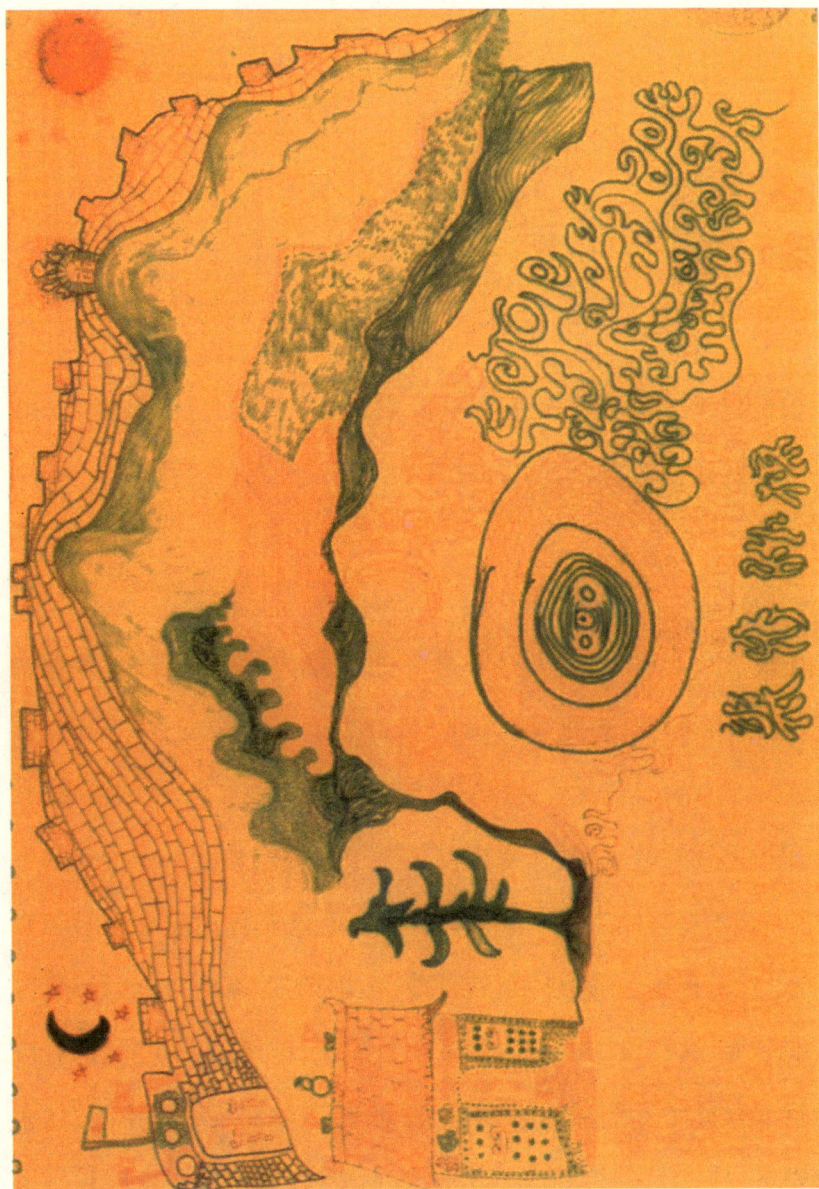

图 2—7 地　盘（局部，原图 1.2 米×80 米，布质）

第二节　帐书的题材内容

根据图绘内容,图画帐基本可以分为传说故事类、宗教神话人物类、神化动物类、动物类、天象类、植物花卉类等题材内容,简述如下。

1.传说故事类

传说故事类帐书,主要是根据历史上的传说故事所绘的图画内容,所采用的题材有戏曲故事、民间传说故事等,如常见的《西游记》、《八仙传说》、《牛郎织女》、《白蛇传》等,都是脍炙人口的传说故事。

《西游记》的故事,创作者主要描绘了《西游记》故事中的众多人物形象。如图2-8、图2-9,写帐人寥寥数笔就使我们能够轻易识别出孙悟空、沙和尚、如来佛、观音菩萨、托塔天王、哪吒等《西游记》中的人物形象,这些人物的刻画大多简单形象,但通过人物的行为、动作和装束来标明身份。如对孙悟空的刻画,人物面部刻画不清,但人物的姿态、身上的衣着、手中所持的金箍棒,使我们一眼就能识别出该人物的身份。

图 2-8 《西游记》人物图一

图 2-9 《西游记》人物图二

　　类似的创作手法在《八仙传说》的画面中也有所体现,我们从画面中人物所持法器很容易辨别出铁拐李(李玄或李洪水)、汉钟离(钟离权)、张果老、蓝采和、何仙姑(何晓云)、吕洞宾(吕岩)、韩湘子、曹国舅(曹景休)等人物形象(如图 2-10)。

　　《牛郎织女》的传说故事主要采用连续故事性的画面表现故事情节。如图 2-11~图 2-14,整个故事从牛郎和老牛相依为命开始,经历了偷衣牵情、结为夫妻、男耕女织、生儿育女、天庭震怒、鹊桥相会等故事情节,把《牛郎织女》的传说故事用图画的形式描述出来。画中人物也是采用平涂的方法进行简单描绘,不注重细节描绘,只注重形似。

图 2-10 八仙人物图

图 2-11 《牛郎织女》传说故事——初识

图 2-12 《牛郎织女》传说故事——偷衣牵情

图 2-13 《牛郎织女》传说故事——结为夫妻

图 2-14 《牛郎织女》传说故事——鹊桥相会

　　《白蛇传》的传说故事主要选取了重点故事情节进行描绘。如图2-15,主要描绘的是水漫金山寺的故事画面。该故事在一张布上进行描绘,一边是寺庙楼阁,楼阁之上,在一团云的上边,法海大师盘腿坐于莲花座上,身披袈裟,手拨念珠,一个小和尚肩背禅杖,侍候于旁;一边是白蛇姑娘和青蛇姑娘,其中白蛇姑娘在上,头挽高髻,一身白衣,双手持剑,正在施法,其下是青蛇姑娘,头挽高髻,一身青衣,双手持令旗,似在协助白蛇姑娘施法;画面下部是两者斗法所产生的波涛

图 2-15《白蛇传》——水漫金山寺帐(布质)

汹涌的大水,画面形象生动。画面正上方有榜题"水漫金山寺"字样。

　　还有一些画面采用了墨线勾勒的手法,如图 2-16,描述的应该是许仙开保和堂治病救人的故事,但画面榜题"董永给病人看病情,药店情景"、"保和堂"等。在董永的传说故事中,董永仅为一农民,没有开过保和堂。而许仙是学医的,在白娘子的支持下开过保和堂,所以该画面榜题可能是创作者对两个故事的混淆误写。画面左下角病人端坐于一案侧,案后一人,应为许仙,右手握笔研墨,左手正要给病人把脉;右下角是许仙正在招呼病人就医的场面;左上角描绘的则是药店的伙计正在炮制中药的画面;右上角似乎描绘的是结账买药的场面,前面还有一组人物,其中两个小孩似在玩耍,左边一男子站立状，右边一妇人端坐于椅子上。

也有采用历史上的图画内容的。如图 2-17，截取了北宋画家张择端《清明上河图》中的部分场景，加以添加改造，表现出太平盛世的愿望。帐的上半部描绘的是天宫中的景象，阙台楼阁，有五个仙人，踏云乘鹤，注视着人间一派生平的景象；画面的下部是繁忙的都市街景；画面右上角题写榜题"清明上河图"。根据画面可以看出，该帐描述的可能是《清明上河图》中的后段——热闹市区街道的一些场景，以宽广的街道为中心，两边的屋宇鳞次栉比，各种商贩沿街设

图 2-16《白蛇传》——保和堂治病救人

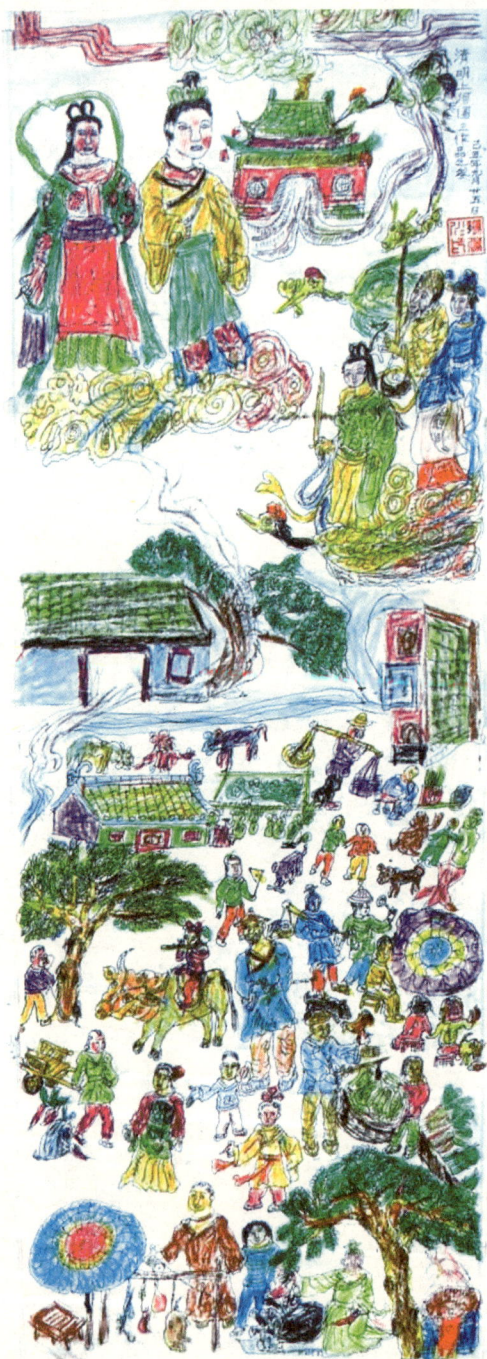

图 2-17 清明上河图

摊,有茶坊、酒肆、脚店、肉铺、庙宇、公廨等。商店中有绫罗绸缎、珠宝香料、香火纸马等的专门经营,此外还有医药门诊、大车修理、看相算命、修面整容,各行各业,应有尽有。大的商店门首还扎"彩楼欢门",悬挂市招旗帜招揽生意。街市行人,摩肩接踵,川流不息,有做生意的商贾,有看街景的士绅,有骑马的官吏,有叫卖的小贩,有乘坐轿子的大家眷属,有身负背篓的行脚僧人,有问路的外乡游客,有听说书的街巷小儿,有酒楼中狂饮的豪门子弟,有城边行乞的残疾老人,男女老幼,士农工商,三教九流,无所不有。交通运载工具有轿子、牛马车、人力车,还有太平车、平头车,形形色色,样样俱全。北宋都城汴京繁华的街景绘色绘形地展现在人们的眼前。

有的帐用概括抽象的手法描绘了古代官员出行的画面,如图2-18,画中主要人物乘坐华盖辇车中,前有仪仗队,并用神兽驾驭,衙役、侍者分列左右前后,依次行进,表现了官员出行的威仪。

有的帐画面饱满,采用了诸多戏剧表演中的人物形象,所有人

图 2-18 出巡图

物一字排开,基本没有任何背景,也没有做任何渲染,仅仅把每个人物简单地罗列出来,但通过脸谱的变化,基本可以辨别人物的身份和忠、奸、善、恶(图 2-19～图 2-21)。

也有极少部分帐表现现代社会生活内容的画面。图 2-22 所示就表现了当代社会生活的场景。道路上车流通畅,路中架设的桥、隧道都有表现,道路两旁崇山峻岭,以及忙忙碌碌的人们。采用全景式的构图,表现出了汽车行驶的路线和目的地。

2.宗教神话人物类

中国的神话传说故事非常丰富,产生了众多的人物形象,后又与道教、佛教、儒教等宗教人物相结合,形成了独特的宗教神话人物序列,而这些神话人物历来就是民间重点刻画的对象之一,在帐中也有众多的表现。

中国民间信仰主要是指俗神信仰,也就是非宗教信仰。这种信仰在中国具有悠久的历史,而且比佛教信仰和道教信仰更具有民间特色。中国民间的俗神信仰的一个典型特征,就是把传统信仰的神灵和各种宗教的神灵进行反复筛选、淘汰、组合,构成一个杂乱的神灵信仰体系。不问各路神灵的出身来历,有灵就香火旺。这鲜明地反映了中国世俗信仰的多元性和功利性。所以说,中国民间信仰具有多教合一、多神崇拜的特点。

中国民间信仰的这些特点在九莲山帐书中也有多处体现。经过

图 2-19 戏剧人物图

图 2-20 戏剧人物故事一

图 2-21 戏剧人物故事二

图 2-22 社会生活图

调查走访得知，香客和写帐人有很大一部分是在生活中遇到了不幸，受到委屈、冤屈、挫折、打击，积存了过多的怨愤、不满、仇恨，他们来庙里诉说，祈求神灵为他们做主，替他们解难消灾。诸多神灵与神兽出现在帐书中也就不足为怪了。

有的帐书中就出现了将诸多宗教神话人物安排在一个画面中的构图。如图2-23，我们可以看到，写帐人将玉皇大帝、王母娘娘、如来佛祖、观音菩萨等分属于不同宗教体系的人物，同时安排在一组画面中，而且从所处位置看，具有同等重要的地位。这种安排正是中国民间信仰多神崇拜特点的形象反映。

有的帐书中还出现了木船的形象，如图2-24，画面的上半部分有日、月、星辰、树木、玉皇大帝、王母娘娘等图画，下半部分绘有一只黑褐色木船，船上有船夫、乘客等，另有一凤一龙分别立于船头和船尾，有着特别的吉祥寓意。木船的含义是渡、渡人，和寺庙里的渡桥的作用是一样的。佛教里常提到"普度众生"，指广施法力，使众生脱离苦海，登上彼岸，所以，此处所画木船表达的正是祈求神灵救苦救难、博施济众的含义，具有重要的符号功能。

还有部分帐书采用了新发现的古代图腾神话图像资料，如图2-25，人面鱼纹盘基本上是仰韶文化半坡遗址出土的彩陶器上的纹样的翻版。这种人面鱼纹最早发现于1955年陕西西安半坡遗址出土的彩陶盆上，陶盆高16.5厘米，口径为39.5厘米。陶盆是以细泥为原料，捏成形后着彩放在窑里烧制而成的彩陶器。盆的底部略平，

图 2-23 宗教神话人物图一

图 2-24 宗教神话人物图二

腹部突出，也比较深。盆内壁光滑，外表粗糙。盆的内壁和口唇绘有对称的人面纹和鱼纹。陶盆本身是红色，盆上的花纹是黑色。红底黑花表现了当时的绘画艺术水平和人们丰富的想象力。人面鱼纹盆内壁的人面为圆形，头戴高冠或头饰。五官部分近似人面的形象，口衔双鱼。鱼形用弧线绘出，用三角形、圈点表示鱼头，用交叉斜线画出鱼身、鱼鳞，并用平涂黑色的方法表示鱼背。整个陶盆的构图，人面居主位，鱼纹居人面纹两旁，表现了人与鱼之间的亲密关系。半坡遗址出土的人面鱼纹纹样种类较多，大概有近10种，这幅帐书采用的仅仅是一种，而且也将其绘于红色的布帛上，仅人物的脸型稍有区别，另于布帛上绘以无数的星纹。

还有部分帐书的题材采用了古代文献中的资料，如《山海经》中所描述的神怪人物，在帐书中也有所体现。《山海经》中有很多人面兽身的异兽和神怪，如图2-26，帐盘中绘有人面鸟身的神异形象，和文献中记载的神怪形象基本一样。《山海经·中山经》记载："凡荆山之首，自景山至琴鼓之山，凡二十三山，二千八百九十里，其神状皆鸟身而人面。"《抱朴子·对俗篇》也有记载："千岁之鸟，万岁之禽，皆人面而鸟身。"这幅帐盘中的神异形象也是人面鸟身，而且人面都基本是美丽的女性面相，背生双翅，并有孔雀漂亮的尾羽。

3.神化动物类

神化性动物是现实世界中没有的，是艺术家根据某些现实动物

图 2-25 人面鱼纹盘

图 2-26 人面鸟身人物图

原型新创造出来的集多种动物形象于一体的幻想动物,这类动物被中华民族的先民们赋予了重要的神化功能,所以称之为神化性动物纹,在帐书中表现较多的主要有龙纹和凤鸟纹两类,它们是民间信仰的一种反映。

民间信仰是指民众自发地对具有超自然力的精神体的信奉与尊重。它包括原始宗教在民间的传承、人为宗教在民间的渗透、民间普遍的俗信以及一般的民众迷信。

九莲山写帐现象应该属于民间信仰的一种方式,是这一特定区域的民众在民间普遍存在的俗信。在民间信仰中,自然崇拜是表现较多的一个方面。

自然神崇拜主要来源于远古。史前时期,在人们眼里,强大的自然物如日月星辰、山川木石、鸟兽虫鱼等,神秘的自然力如风雨雷电、霓虹云雾等,都具有至高无上的灵性,往往能主宰人的命运,改变人们的生活。因此,在人不能征服和认识它们的时候,就只好把它们当作有生命力的神灵加以顶礼膜拜。这种原始的宗教信仰活动,就叫作自然崇拜。在九莲山的帐书中,有不少是自然崇拜的遗留陈迹。

在一幅龙凤盘帐书中,日月星辰、山川木石汇集于一体,似乎代表着某种超自然的力量。帐书上方被涂以各种色彩的莲花,或许是佛的象征。下方的人物显然是各路神灵。画面正中是腾驾在云纹中的龙与凤。各种符箓文字穿插在画面的空隙之中,如图2-27。

龙与凤这两种传说中的动物,在华夏文化中占有十分重要的地

图 2-27 龙凤盘

位,一直渗透在华夏各民族整个生活领域的不同时间、不同空间内。《礼记·礼运》称"麟、凤、龟、龙,谓之四灵",我们的老祖先把龙和凤列为四灵中的二灵,并赋予它们非常奇特的形象,成为集多种鸟兽特点于一身的神异动物。龙与凤在帐书中有多处表现。

龙是中华民族的象征,在中国传统文化中具有极其显赫的地位,在政治、宗教、文学、艺术、民俗等各个领域都充当着十分重要的角色。而每个时代的政治、社会制度、心理和文化则是主导龙的造型千变万化的枢纽。不同地域、不同环境中的人们对这种超自然的动物选取的形象上也有差异。随着文化交流，龙就具有了不同地域不同动物的特征，成为多种动物的融合体。

无论是中国古代文献中的龙纹，还是考古学上发现的龙的形象，都很难将之比附为自然界的某一种动物。因此可以说它是一种人文动物，从一开始它就是作为一种思想观念的载体出现于原始民族部落社会的艺术作品中，这是最早的图腾崇拜。龙作为中国的一种特色文化现象，有着深厚的宗教与政治内涵，它的形象是以历史文化为背景、以文物实体为载体出现的，因而龙的形象在产生、发展、演变的过程中，形成了一套自身的组织结构和民族文化特征。从河南濮阳的西水坡墓地的蚌塑龙、红山文化的玉猪龙到商周青铜器的夔龙、蟠龙，再到明清时代瓷器上的龙纹，龙的造型在历史的发展过程中不断完善，最终形成了传统意义上的龙的造型：头部有角、发、胡、髯、髭、髦和颈，腹部包括双翼、背鳍、腹甲、鳞等，四肢包括肘

图 2-28 双龙盘

图 2-29 龙　盘

毛、爪等,尾部包括尾鳍等。而具体的形象,明人李时珍在《本草纲目》中作了更为确切的描述:"龙形有十:头似马,尾似鬣,爪似鹰,眼似兔,角似鹿,耳似牛,腹似蛇,须似鲤,鳞似甲,掌似虎。"

九莲山帐书中龙的造型主要采用了历史上比较成熟的龙的图案,仅色彩有差异,有用墨线勾勒的,有用红色、蓝色等色彩平涂的。在画面构成上一般采用双龙组成一个单元(如图 2-28),或者和其他神化动物,如凤,共同组成一个画面。

还有一些单独表现龙的画面,如图 2-29,整幅画面背景细密地画着姿态各异的云团与星象,云团之中,浮现出一条飞翔着的黑龙。黑龙的舌头与眼睛上方呈火红色,两条长须乌黑发亮,龙口大张。盘旋而绕的飞龙,张牙舞爪,气势非凡,表现出一种飞黄腾达之意。

凤鸟也是我国古代艺术家集多种飞禽走兽而创作出的神异动物之一,其在早期反映着先民的图腾崇拜,随着历史的发展,逐渐超越神秘的图腾性质,演变为政治观念下的产物和民族意识中的吉祥之物或德高望重之人的代称。不可否认,人们对凤的喜好与崇拜掺杂了若干迷信成分,但其主旨则表现了对太平盛世及一切美好事物的向往,应该说这种意识是一种积极向上的心态。

九莲山帐盘中的凤经常和龙共同成为构图的主要内容出现在同一画面中,如图2-30。乔台山先生认为:"龙代表阳,凤代表阴,龙凤同时出现于同一幅帐中代表阴阳结合、阴阳平衡。"[①]

另外,笔者在考察西莲寺碑刻的过程中,也发现了线刻的凤鸟图案。在雍正时期的《朝谒九莲老母灯油圣会四季完满勒石记》碑刻的边缘发现了这样的图案,如图2-31,其刻画的凤鸟尖喙、长颈,体形肥硕,展翅翱翔,而尾羽用曲线形象地表现,其刻画风格和帐书中图案刻画的特点类似。

4.动物类

帐书的创作者多是普通民众,其题材中有一些是现实生活的直接表现,比如下面的两幅蝴蝶帐盘。

如图2-32,这幅帐书表现的是排列整齐但姿态各异的飞舞中的蝴蝶。细看每一只蝴蝶,有正面,有侧面,有的静而不动,有的翩翩起舞,组成了一幅色彩缤纷的图画。每一只蝴蝶又经过了线条、造型、涂色、细部加工等过程精心绘制而成。线条勾勒出蝴蝶的各种姿

图 2-30　龙凤盘

图 2-31　碑刻中的凤鸟图案

图 2-32 蝴蝶飞舞盘

图 2-33 蝴蝶盘

态,各种鲜艳明亮的色彩点缀其间。每一只蝴蝶的轮廓边缘又加上了圆点与细小的线条,整体上构成了点、线、面的结合,看似漫不经心,却又整齐有序。

据了解,这个写帐人的婚姻生活不太幸福,这些飞舞的蝴蝶是不是表现了她对美好爱情的向往与追求?

如图 2-33,这幅帐书表现的也是飞舞的蝴蝶,但是色彩更为浓艳。每一只蝴蝶身上都运用了三至五种艳丽的颜色,特别是红、黄、蓝、绿等颜色的大量出现,使得整体画面非常醒目。造型统一中又极具变化,形象质朴而灵秀,生动传神,没有一个是完全重复的,反映出写帐人对生活的细致观察与较强的表现能力。

5.天象类

在帐中还有一类图像比较常见,就是星云纹帐,是主要描绘天上星座图的帐。如图 2-34,用不同的颜色涂出不同的色块组合,并用小圆点连成线构成星宿组合图案,并榜题"星宿板块线路图",可见其代表着天空星象云块组成,极具想象力。从色彩构成上看,用不同的颜色搭配组合构图,乱而有序,极具装饰效果。

根据一些写帐人解释,这种帐,一般都是借天象分布描绘人间的情景,预测未来人世间将要发生的事情。如郑州巩义的张某

图 2-34 星云板块盘

图 2-35 星　盘

说，她画的一幅帐书，用天上的星象反映人世间的情节，很多的星象分别代表了人间的国别和人民，并用这幅帐书暗示人世间将要发生的灾难。

　　也有的帐盘完全表现星象关系。如图 2-35，纸质，高约 55 厘米，宽约 78 厘米。据说这种星象图共计 16 张，张张图案构成不同，但都是用阴阳八卦图绘制星象，再用线连接，表现星宿关系，应该蕴含有阴阳五行的观念。

6.植物花卉类

　　花卉类题材是艺术家经常表现的创作对象，也是古代艺术中常见的装饰题材之一,在西莲寺的石柱、碑刻上都有很多花卉图案雕刻装饰,其中尤以莲花图案最多。在帐盘的创作中也有突出表现,有描绘花卉的,有描绘树木的。花卉类的帐,有的集多种花卉于一幅帐中,如图 2-36,体现百花盛开的场景;有的分别描绘多种花卉,形成一组画面,如图 2-37,分别描绘了 12 种花卉的图案,并用 12 个地址来标记,并榜题"奉天门百花园",具有特殊的用意。

树木类的题材多描写的是单株树木枝繁叶茂、飞鸟欢唱的情景,而且往往和日、月等图案结合绘在一起,具有一定的象征意义。如图 2-38,是获嘉县张姓写帐人于 2009 年所画的树木,纸质,高约 94 厘米,宽约 77 厘米,用彩色硬笔画成。其在崇山峻岭中描绘了众多树木,以当中一棵树最为突出,比周围树木高出许多,形成强烈对比,

图 2-36 花　盘

图 2-37 奉天门百花园

树木粗壮，直插云霄，繁茂的枝叶之间有数只飞鸟绕飞，树木上面是火红的太阳和星辰图案。显然，在写帐人心里，这不是一棵普通的树木，写帐人称这是"生命树"，应该寄托了写帐人对子孙繁衍的美好祝愿。

另外，该写帐人还画有其他树木，同样具有强

图 2-38 生命树

烈的寓意。如图 2-39，纸质，高约 94 厘米，宽约 34 厘米，用彩色硬笔画成。获嘉县张某写于 2009 年。描绘了一棵盘曲而上的树，树上枝丫间画有圆形的日月星辰图案，在这些图案周围开满了红色的花朵，枝丫间也有凤鸟在欢唱，分别用蓝、红、绿等鲜明的色彩进行描绘，对于这样的具有丰富想象力的图案，写帐人指出这是一棵神树，同样寄托着写帐人的美好祝愿。

7.其他题材

混合帐，既有图画也有文字，文字是对图画的诠释。常常是图画中有文字，文字中插有图画。如图 2-40，该幅帐描绘了众多的人物面部形象，形成芸芸众生相，在画面中穿插

图 2-39 神　树

了很多文字,细辨之有"替天行道"、"五行之道"、"四面八方"、"佛祖"、"从天到人生"、"全部家属"、"花生高粱小米"等,估计也是对人间生活的一种愿望的寄托。

另外,还有一些图符类的帐,其图案类似道符一类。符所具有的这些内容和形式特点在汉代时期被巫师、方士和道士借用到鬼神世界创作形成。到魏晋之际,符的创作则更趋复杂化,由字的篆体和多字重叠而成,同时认为,符系宇宙天空中的云气自然结成,故称"云书"或"云篆",因此,在画符的时候,多仿篆体及虫书鸟迹的古文,笔画故做曲折盘纡如云气缭绕之状。成书于西晋末至刘宋初的《太上洞渊神咒经》亦云:"天书玄妙,皆是九气精像,百神名讳,变状形兆,文势曲折,隐韵内名,威神功惠之所建立。"由此看来,符完全是

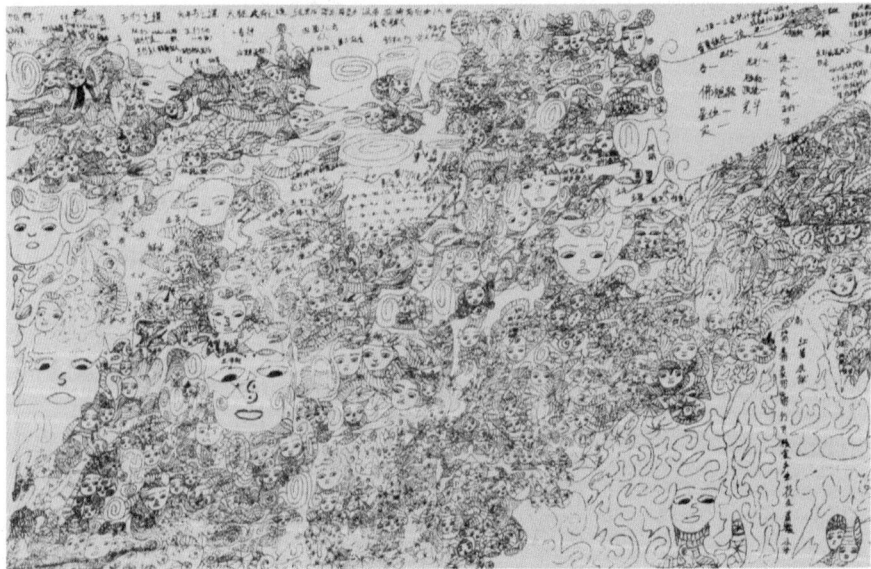

图 2-40 混合帐

图 2-41　图符帐

一种内容与形式高度统一、完美结合的神秘莫测的精神产品。就内容来讲，它宣传的是道教世界的旨意、思想。帐中这类图案也非常多，和这种道符非常接近，如图 2-41。

　　九莲山的帐盘艺术题材丰富，而且都具有深刻的文化内涵。与部分写帐人交谈中了解到他们写帐的目的主要是为了驱邪除灾，纳福招财，延年增寿，祈求幸福、健康、丰收、和谐。

　　这种目的在帐盘艺术的图案中反映较为明显。如画帐中的蝴蝶盘（图 2-32、图 2-33），据介绍，该写帐人婚姻不幸，而蝴蝶在我国文化中是婚恋的象征，所以说这种蝴蝶盘，应该寄托了其对幸福婚姻生活的向往。

　　再如帐盘中的鱼、蛙、葫芦等图形非常多，尤其是葫芦的图案，在西莲寺大雄宝殿和其他大殿的屋顶上刻的、画的、雕塑的到处都是,观音楼上画的也是一大片葫芦。而这些图形,反映的是一种生殖崇拜的传统思想,是几千年中华农业文明生殖崇拜、祖先崇拜的观念在文物和生活中的表现,都是实实在在的民间信仰文化。

而图画帐中出现的民俗故事题材,如前述的牛郎织女的故事,也是对美好爱情、男耕女织生活的一种向往,一种心理暗示。

其他的诸如云纹、太极、太阳、月亮、蝙蝠、蜻蜓、鸟、鱼、龙、凤、莲花、松树、铁树、玫瑰、生命树、宝剑等图形,在我国民俗文化中,大都有对应的吉祥符号寓意,都反映着一定的文化内涵,这里不再一一列举。

帐盘中还出现了天安门、国旗、汽车、摩托车、新房、发射塔、电线杆、公路等具有时代特征的新元素,主要是用来表现国泰民安的新社会风貌。

可以说,九莲山图画帐反映了民间美术的重要特点:有图必有意,有意必吉祥,每一幅图画都具有吉祥的象征符号功能,寄托了写帐人美好的愿望,体现出了写帐人纯真的思想。

第三节 帐书的艺术特点

九莲山的帐书是河南民间美术的一朵奇葩,在构图、线条的运用和色彩方面,形成了自身的特点。

1.构图的多样性和装饰性

在构图方式上,帐书的构图非常灵活,写帐人根据所要表现的题材内容采用适当的构图形式。综合来看,帐盘艺术中的构图形式主要有单独构图、连续构图和混合构图等。单独构图,主要是一幅画面表现一个主题,如一些神话动物、人物的构图,基本上采用这样的构图形式, 使要表现的形象更为突出。如图 2-26 的人面鸟身人物图,整个画面就描绘了一个人面鸟身的神话人物形象。

连续构图主要表现一些人物故事、戏曲故事等,其内容较长,如图 2-11~图 2-14,《牛郎织女》的传说故事,写帐人共分为偷衣牵情、结为夫妻、男耕女织、生儿育女、天庭震怒、鹊桥相会等 20 个画面进行了连续描绘,展示了这个传说故事的主要情节。

　　混合构图，就是在一幅画面上展示多个主题的构图形式。如果一幅画面在安排一个主题后还有空间，那么写帐人就在空余的地方安排其他主题的画面，使整个画面非常饱满。其画面安排主要是根据画面的位置来安排所要表现的主题内容。如图 2-30，画面的主题是龙和凤，在龙凤之余的空间，写帐人还穿插安排了太阳、月亮、山川、树木以及房屋建筑等。

　　九莲山帐书的构图具有强烈的装饰性。河南太行山帐书艺术就构图而言，其饱满、严谨、装饰性是不言而喻的。它图中藏字，字中包图，抽象得犹如毕加索手笔，符号化的运用富有米罗的诗意，又有埃舍尔的迷宫气息，既带有农民画的足迹，又似有儿童画的涂鸦……看到这些，我们感到惊奇与震撼！

图 2-42　剪纸帐盘

在艺术创作方面,我们知道"构思是凭灵感和直觉的;观念艺术家是神秘主义者而不是理性主义者;他们直接跳到逻辑所不能到达的地方;非理性的想法应该被绝对地追随下去"②。正如张光宇所言:"装饰构图就是不受自然景象的限制,往往是屈服于视觉的快感,而突破平凡的樊笼,往往是一种向上的或者飞升的能鼓起崇高超拔精神的一种形态。"③河南太行山帐盘艺术正体现了这一精神。在一幅帐中,有天上、地狱、人间的景象,这些景象运用点、线、英文字母、汉字、阿拉伯数字、"×"、"○"等不同元素来组成画面,反映了创作者和人们的精神追求。如图 2-42,剪纸类帐盘采取镂空的方法在纸上剪出或刻出,形成了线线相连、线线相断的虚实相生、阴阳错落的审美效果。由于受工具和材料的局限,剪纸类帐盘在处理形象时,是依据形象在内容上的联系,使用构成的手法,加以夸张、变形、对称、均衡、连续、疏密等平面化的处理,创作出具有浓厚装饰意味的帐盘艺术。如图 2-43,我们在这幅作品里看不到对形象细微光影的刻画,也没有我们经过训练而熟悉的比例、写实、透视等艺术手法,然而,它却有着另一种意义上的真实——精神的真实性。这种真实性是通过对事物随意的空间组合、各种元素的综合运用表现出来的。帐盘的造型不受科学的透视学、解剖学的限制,而是自由的、随心所欲的再创造。这样它不但合乎艺术性特点,而且还具有了安定和平静的思想。

河南太行山的帐盘,在以意造型上凝聚了创作者及人们质朴的

图 2-43
神话人物故事帐盘

情怀和智慧的光芒，有着丰富寓意象征的文化传递，有着以形表意的精神寄托，也有因材施艺、悄然天成的造物手段以及缤纷多彩的装饰性图式。帐盘以意造型中的意象内容，是无边无际的精神本质，给写帐人提供广阔的想象空间和表现空间，使创作者的主观意识和思想得到充分的展示。譬如：写帐人得到"天命神授"旨意的无意识绘制，不接受专业训练，不按照专业程序、专业手法描绘，直接在材料媒介上一气呵成。当他们把创作好的作品展开时，（依据习俗，我们一般人不能常见）我们会情不自禁地感叹这种无意中出现的奇妙效果。如今，我们看到的帐盘多是用"信天游式"（即兴创作）的技法创作出来的,呈现的是综合性的时空,装饰性的构图特征。这种平面化、装饰性、跨时空、随意化的处理方式,符合创作者的心理和创作特点, 在创作过程中它们能充分地体现出创作者或写帐人稚拙、自然、天真的心态和审美趣味。正如毕加索所说:"我问我自己,人们不能光画他所看到的东西,而必须首先要画出他对事物的认识。一幅画像表达他们的现象,那么同样能表达出事物的观念。"④这也正体现了帐盘艺术自身的价值,在象征类帐盘中,他们用点、线、几何图形、阴阳八卦(图 2-44)、吉祥图案来表现五行、盘古开天地、阴阳平衡等思想内容, 他们用蝴蝶装饰鹿的耳朵、用眼睛装饰鹿身 (图 2-45),呈现出原始绘画的狂野、农民绘画的淳朴、儿童绘画的稚拙和现代绘画的时尚美感。而这些是他们凭借一颗单纯的心,凭借超

图 2-44　阴阳八卦合功帐

图 2-45 鹿　帐

越逻辑的直觉和诗意的感受，驰骋于幻想和梦境的世界里的一种符号表达。

2.线条的意味性较为突出

在技法方面，多数帐盘采用了墨线勾勒填彩的简单技法。如图2-46《祥和图》，创作者用墨线勾勒出人物的轮廓和祥云等图案，然后再根据人物身份、性别等涂以不同的色彩，来完成画面，虽然非常简单稚拙，但又极为协调自然。也有个别画面仅仅采用墨线勾勒出物象的轮廓，如《保和堂》，就仅仅采用了这样的技法来描绘人物和背景,但线条的运用较为流畅,疏密有致。

帐盘中线的表现是很有意味的形式。它运用抽象、概括的技法,表现出丰富多彩的内容,或表现天体星空,或表现五行,或表现人类起源,或表现盘古开天,或为几何纹饰,或为点线符号……这种偶成的艺术现象,唤起人们的审美需要、精神需求。如风调雨顺帐,是绘有以凤为主题形象的帐盘,线条流畅、细致有序,富有韵律感、装饰感。一凤居于中间,其他元素有机地组合在一起,使各个局部组成的

图 2-46 祥和图

整体更加和谐,达到整体的一种自我维护。在以凤为主的图案中,写帐人用几何简化方法绘制多个凤的形态,形成对称构图,使画面显得平静而稳定,形象生动而富有生命力。凤在这里意味着女神崇拜,凤作为一种被抽象化的符号表达着人们的精神指向,这也说明了在表现事物时,太行山里的民间艺术家具有的一种淳朴、抽象的意识。在中国艺术中,由线构造的象征符号、指代符号一直被大量使用着,并在每个历史时期产生着或多或少的影响和作用。如在古代陶器中的几何纹、植物纹样,商周时期的青铜器纹样,汉代画像石、画像砖、漆器上的装饰纹样,明清瓷器上的纹饰,现代商品上的装饰等。在河南太行山的帐盘艺术中,我们不仅能看到陶器、青铜器、漆器、画像石、画像砖等古代的艺术元素,也能看到现代平面构成的语言迹象。如图2-47的符号类帐盘,通过运用长短、粗细和走向不同的线条以及疏密、繁简的变化来形成独特的视觉趣味,在线条的纵横牵掣、钩环盘纡中,我们仿佛看到了创作者的心理活动轨迹,仿佛看到各种情绪在此中的交替与更迭。贡布里奇认为这是一种"有层次逐渐复杂"的过程。他说:"观察一下几乎所有的单人游戏,我们可以发现一种倾向性,即给已变得太容易做的游戏增加花样和难度……我把这个加动作的过程称作'有层次逐渐复杂'的过程,加入的动作类似于视觉艺术和音乐里的装饰成分。"⑤

由此我们可以看出,写帐人对线性符号的理解和认识,是他们在对自然事物、生活现状、精神感悟进行图式化的过程之中,力求达

图 2-47
符号帐

到交流、审美等多重效果,所以在图式的选择上也多是一些线圈、线条组成的图案。这无疑显露出写帐人是利用了线条的抽象功能来传达他们对世界的认识,在视觉审美上发展了中国人的线艺术表现的功能。这些极富形式感的抽象线条,促使人们在意识中更强调表"意",忽视表"象"。所以,中国自古以来对于事物的认识总是很抽象、概括和混沌,例如对宇宙规律的追求,以"道"来囊括,而不是从细节去观察和推理。帐纹带着很强的直觉性,经过人类对抽象符号的不断洗练,使之成为"有意味的形式"。

图 2-48　抽象图案

　　大多数画面比较写实，也有少部分为较抽象的图案。抽象画就是与自然物象极少或完全没有相近之处，而又具有强烈的形式构成面貌的绘画。如图 2-48，这幅帐书很有抽象画的味道，画面主体由一些不规则的线条组成，看似率性而为，左右略微对称，各被分隔成不规则的块面，涂以鲜艳的颜色——红、黄、蓝、绿、紫、黑，对比鲜明。从画面的构成看，似乎是两个正在母体内成长的孪生婴儿，可能表现了原始的生殖崇拜思想和朴素的传宗接代愿望。

3.色彩具有现代主义特征

　　色彩是太行山帐盘艺术中的又一元素，构成的艺术形象给人们带来了独特的审美感受和深刻印象。人们运用色彩来表达意愿,用色彩作为判断事物的根据和精神上的追求。在中国民间美术色彩中,创作者多是根据中国古老的五色观进行组织搭配的,他们往往会在五色(青、红、黄、白、黑)的观念内涵上,根据需要去突出某一色的主旋律,以达到表达审美和精神上的追求。而九莲山帐盘却独辟蹊径,既传承了传统色彩观念又凸显出了现代主义色彩特征,我们认为这与绘制帐盘时使用的工具媒介不无关系。绘制帐盘的工具,多数是笔(毛笔、硬头彩色绘画笔、马克笔、绘图笔、碳素笔),也有刺绣、剪贴、拼贴的。用毛笔时使用墨汁、红色墨水,绘画时用油性水彩、油性绘图笔、丙烯颜料。图 2-48 就是用马克笔和丙烯颜料描绘的,颜色鲜艳绚丽,并且由于用马克笔绘制会留下笔触的痕迹,很自然地出现了肌理的视觉效果,在平面化的、色彩绚丽的画面中,这种无意识、非理性的肌理特征营造着活跃的富有激情的艺术氛围,洋溢着乐观主义精神,使写帐人得到心理和精神上的慰藉。或许是受工艺、原材料等的制约,创作者不得不用绚丽的原色、间色演绎,但这种限制性与巧妙性共存的运用,使得帐盘艺术色彩呈现单纯明快、鲜艳绚丽、高纯度的特征。色与色的关系在对比、面积、形状、方向的运动中达到平衡与饱满。色点、色块、色条的相互照应,使画面有十分充盈的视觉张力,增强了画面的概括性和可读性。此外,画中几乎包罗了色彩的原色和间色,完全不同于描写自然光色的绘画。我们可以这样理解:被认为最民间的色彩语言内含着最文明的色彩修养，被认为最前卫的色彩形式可以从中找到原始的审美冲动。当然不能排除与绘画相关的形状和结构形式的魅力，因为艺术毕竟要通过这种语言告诉人们一种道理，通过视觉让人们感觉责任和原则，还有一种愉悦与精神的解放，一种文化认同和精神慰藉的匹配。总之，帐盘具有的这种冲击力的色彩视觉观感，是人们的一种积极的、热烈的视觉心理的直观反映，同时也是一种有寓意的表达，而这种有寓意的表达多是通过对比的方式进行的。

伊顿在《色彩艺术》中指出："对比效果及其分类是研究色彩美学时一个适当的出发点。"⑥对比艺术手法在帐盘色彩中的作用是显而易见的，多数帐盘都采用了高纯度的色相对比、强烈的补色对比的方法。民间色彩搭配也有口诀曰："黄马紫鞍配"、"红马绿鞍配"、"黄身紫花，绿眉红嘴，显得鲜明"⑦。可见，人们的色彩意识和色彩感受的表露或物化是通过鲜明的对比呈现的。当然，帐盘色彩在追求对比性的同时，也非常注重色彩的和谐统一。所谓"光有大红大绿不算好，黄能托色少不了"就表露了追求统一性的色彩意识。帐盘艺术装饰色彩的显露，依靠色块大小、形状、空间距离来经营统一，给当代造型艺术带来了深刻影响。

此外，帐盘艺术色彩或许已成为一种观念性的阐释和象征性的比附，而不仅仅是一种视觉的、感性的知觉形式。帐书艺术家采用高纯度的色彩来表现自己的作品，在自由构成色彩的过程中，把握对比、均衡、变化、统一规律。帐盘的色彩、图形均是象征性的符号，这反映出他们长期受到中国古代五色观的影响。在阶级社会里,色彩被打上了阶级烙印。朱门、红墙、青黄为宫廷显贵所独有的"禁色"。还有的色彩被赋予了宗教的观念。黄、白等色被神秘附会,具有了特殊的意义。如绘制在黄底、白底上的帐盘,色彩被作为一种象征手段加以比附,并与事物形象相联系:"黄,晃也,犹晃晃,像日光色也","白,启也,如冰启时色也"⑧。这种色相与人们的认识和实践、趋利避害相联系,也因此被视为是"神"用的色彩,是吉利的、祥瑞的色彩。色彩在不同的地域产生不同的文化观,不同的文化对色彩所具有的象征意义有着较为不同甚至截然相反的看法。例如黄色,东方代表尊贵、雅致,而西方基督教则认为它是耻辱的象征。色彩的这种观念性的象征意义被纳入包罗万象的中国古代宇宙论的框架中,与传统的价值观、宗教观念、伦理道德交互配合,交相辉映,具有深厚的文化底蕴和丰富的内涵。我们对民间色彩的认识不应局限于表面的感知,而必须对隐含在其中的历史文化内容和观念形态的象征意义、人文精神予以体会和把握。

　　总之,从太行山帐盘设色的整体观念和特征来看,它遵循了传统色彩的象征、比附意义,具有深厚的文化底蕴,同时又重视色彩的视觉审美效果,呈现出斑斓多彩的景象。色彩在民间既是审美性的体现,又是一种文化色彩的呈现,有着丰富的社会内涵。

第四节　帐盘的创作主体、使用工具

关于帐盘的创作者，乔台山先生做过统计分析，从已经了解到的写帐人的不完全情况看，写帐人的身份大致有这样几种情况：

从职业构成上看，写帐人大多数是农民。有的居住在农村，有的刚从农村迁到县城居住。例如辉县的顾某是木匠出身，新乡市的张某、安阳市的宋某是无固定职业的市民，还碰到过一位不愿透露姓名的公务员。

从文化程度上看，大多数写帐人的文化程度很低。有的没有进过学堂，有的只有小学水平。如巩义的张某根本就没上过学，不识字，在帐书上写的字她自己都不认识，还有很多错字、别字；获嘉县的张某只上过小学三年级，他写花帐；辉县的顾某也只上过初中。但也有个别学历稍高的写帐人，如有一位写大帐的宋某，大专学历，学畜牧的，家住郑州，但他在安阳郊区租地种葫芦，宋先生是目前笔者遇到的文化程度最高的写帐人。

从性别上看，专门在庙里写帐的男性似乎比女性多；与人合帐

图 2-49 九莲山集体创作帐盘的写帐人

的,女性比男性多;开帐的人中,女性比男性多(图2-49)。

从年龄上看,中年人写帐居多,老年人和年轻人较少,多为在"文革"前后出生的人。这一代人,在本该受到普及教育的年龄阶段却被一场号称"文化大革命"的运动荒废了。

从地域上看,来自安阳和新乡两地的写帐人居多,其次是来自濮阳、焦作和鹤壁的。外省的来自河北邯郸的比较多。另外,听写帐人讲,在开封市和登封市有两个帐写得很好的人。从自然地理分析,西莲寺坐落在深山区,而香客多来自平原和浅山区,农作物过去以麦粟为主,近现代主要是小麦、玉米、棉花。从人口地理分析,安阳和新乡以及邯郸是人口密集地区。从经济地理分析,豫北是河南经济比较发达的地区。从文化地理分析,安阳和新乡以及邯郸,往前追溯,最早属于殷商文化圈,应是文化积淀比较厚重的地区。从政治地理分析,如果从安阳九龙山、辉县九莲山、淮阳太昊陵拉一条线,与黄河呈十字交叉,作南北纵向外辐射两百公里,这个地区正好是黄河中游地区,中原腹地,四大古都(安阳、洛阳、郑州、开封)在其内,五岳之中岳嵩山在其境。综合起来分析,这个地区不是湘西,不是云贵,不是青藏,但至今还保留下如此原始、神秘的写帐现象,值得思考。

从经济状况上看,写帐人大都很困难,或家中出了什么变故,出了什么不幸。

写帐人属于社会弱势群体。辉县顾某,在县城租住别人的房屋,和前妻生的大女儿正在上初中,和后妻生的男孩才三岁,他本人身体不好,不能操斧弄锯做木工活了,写帐期间家中经济收入主要靠妻子为人缝纫衣服,所以跑几个月山后得回去找活干安排生活。获嘉县的张某说,因为长期来山里写帐,加上家庭等原因,他的地被收走了,他写帐的费用主要靠合帐人资助。巩义张某说,由于她长期在外写帐、开帐、交帐,她的户口被取消了,现在心情很不好,就不想回家了。

写帐人都是香客,但香客不一定写帐。写帐人是香客中的一部分,占多大比例尚有待于调查。有些写帐人每年离家几个月,不固定在一个庙里写帐,这种现象被称为"跑山"、"跑庙"。写帐人和一般香客的一点区别是写帐人一般是分散的、个人的行为,而许多香客是由"香首"、"香头"组织带队,成群结队的集体行为。

还有合帐人。合帐人一般自己不写帐,或者不会写帐。他们与写帐人合功写帐,给写帐人做助手,或出份子给写帐人以资助。但也有写帐人聚集在一起共同创作帐的现象,如图2-50。

写帐使用的工具和材料都是常见的工具和材料,如笔都是常见的水笔、绘图笔、硬头彩色绘画笔(符号笔)等,而所用的材料主要是布、纸等。

由上述可见,从创作的题材内容看,帐盘包罗万象,既具有对社会生活的描绘,也有部分表现了对社会的认识和希冀,它们都具有

图2-50 合帐人在集体写帐——合功帐

强烈的寓意性，表现出了写帐人最朴素、最纯真的思想观念；从创作技法上看，帐盘的创作运用了最朴实的色彩、装饰性的构图、最稚拙的技法、最简单的工具，具有民间美术质朴、纯真的特点。但它是为宗教信仰服务的，是宗教信仰的道具，因此，如果从艺术的角度来看，我们认为，九莲山的帐盘艺术是宗教信仰中的民间美术。而且从其艺术题材的来源看，是对传统文化耳濡目染的结果，也可以说是对传统文化的一种变相的传承，不存在什么神灵的指示。

参考文献:

①乔台山.帐盘真的不能破解吗,2009-11-12.http://blog.sina.com.cn/qiaots.

②唐尧.形而上下:关于现代与后现代雕塑的哲学与诗性陈述[M].北京:华夏出版社,2008:63.

③杭间.清华艺术讲堂[M].北京:中央编译出版社,2007:142.

④汪流.艺术特征论[M].北京:文化艺术出版社,1984:87.

⑤贡布里奇.秩序感[M].浙江:浙江摄影出版社,1987:63.

⑥约翰内斯·伊顿.色彩艺术[M].北京:世界图书出版公司,1999:54.

⑦左汉中.中国民间美术造型[M].长沙:湖南美术出版社,2006:108.

⑧刘熙.释名·释彩帛.

第三章
传统文化的延续：
帐书的源流与当代民俗
文化建设

袁枚《随园诗话补遗》载九华寺一联："非名山不留仙住,是真佛只说家常"。西莲寺所在的太行山作为名山,几乎留住并供奉了佛、道两家所有的主神,此外,还供奉了许多民间俗神,特别以女性俗神为主,主管着人间妇女、儿童、婚姻、家庭的各种事务。著名的有西天老母、观音老母、无生老母、泰山老母、送子老母、金身老母、顺天老母、劈山老母、托天老母、文殊老母、普贤老母、地母娘娘十二位女性民间俗神。

图 3-1 文字帐

写帐、交帐是当地流行的一种民间信仰活动,又称为"写天书"、"画盘基"、"打盘"、"传功",包括写帐、展帐、开帐、交帐四个

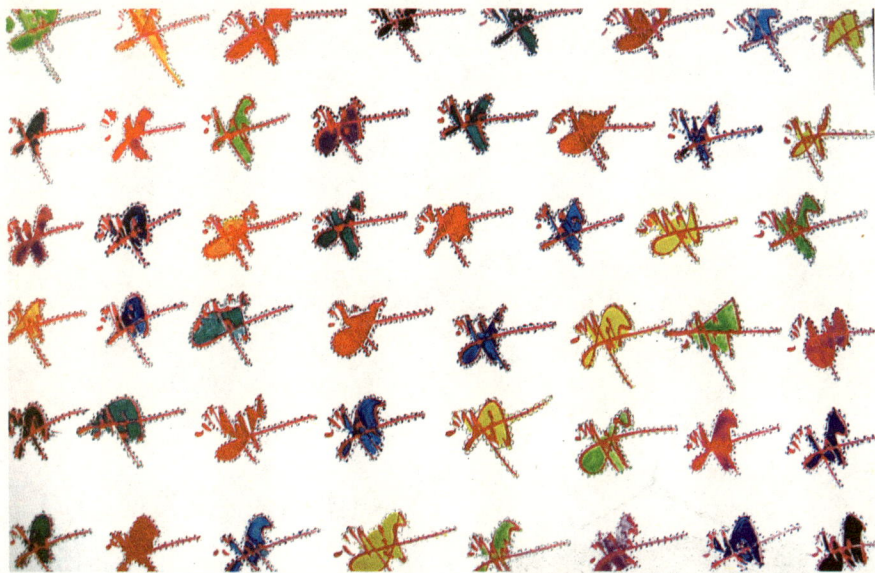

图 3-2 蝴蝶帐(刺绣)

过程。"写"的过程,不打底稿不勾线,主要采用书写和绘画两种方式(如图 3-1),偶有刺绣(如图 3-2)、剪贴、拼贴方式。开帐和展帐同时进行,展帐时伴有演唱、舞蹈等形式,是典型的信仰习俗和民间文化。交帐则是写帐人将帐书写好后在焚香炉前焚烧帐,并伴有祭拜仪式。交帐时间要求很严格,一般是农历二月二、三月三、六月六、九月九这些传统神秘数字所在的日子。在香客和写帐人心目中,地势险要、环境神秘的西莲是中国最高神聚集的地方,是世界神的"总指挥部",故有"写帐在中原,交帐在西莲"之说。写帐人自称是受神的指点,以神的名义而写帐,神秘、神奇、神圣。民众把这些看不懂的帐书称为"天书"。帐书文化有着极为丰富的内涵,研究范围涉及帐书的性质、源流、研究方法、仪式、效用等方面。

第一节 帐书文化的传承脉络探究

图3-3 马王堆汉墓出土的T形帛画

1.帐书的发展演化过程

道教是在东汉创立的，中国的神仙学说在秦之前就已经广为流行。从秦始皇到汉武帝，神仙学说已经发展到皇家十分重视的地步。道教正式成立时，东汉已有类似于画符写帐书一类的活动在民间生活、丧葬仪式当中出现，从先秦的神仙方士到后来的道士都会画符通神之术。长沙马王堆汉墓出土的T形帛画，用于丧葬，历史上称为铭旌，该帛画所绘的是灵魂升仙的象征场面(如图 3-3)。当时在铭旌和一系列魇镇器物上画符,写祝语、咒语已经很普遍,说明这些事项早于道教的建立。

　　这些事项不仅长期在民间使用,也适用于王侯将相,而且逐渐文学化。更有甚者,文人以此受宠,赢得帝王的欢心。这种文体在道教文学史上称"步虚词"(步虚词,道家曲也,备言众仙缥缈轻举之美)。步虚词在南北朝时就有,唐宋以后民间做道场流传的散花词就是这种文体的演变。除步虚词以外,还有一种与帐书相关的文体叫作"青词"。青词,又称绿章,大体产生于唐代,是道教仪式中献给上天的奏章祝文,多为骈俪体,形式工整,文字华丽。据唐朝人李肇《翰林志》解释:"凡太清宫道观荐告词文用青藤纸,朱字,谓之青词。"这条记载讲得很清楚,青词是道观里用来与上天通话的文体,用朱砂写在青藤纸上的通神文字。青词是明代帝王非常喜欢的东西,其性质就是宫中文人写帐书。青词写在青藤纸或绢帛上,由皇帝念给神明听,有时是大臣念,念完以后烧掉。这一点与九莲山群众给上天"交帐"相像,是一种与天对话的形式。明朝奸臣严嵩,之所以得宠,其中一个原因就是他擅于写青词,会写帐书会邀宠,后来就成了首辅大臣。据《明史·宰辅年表》统计:嘉靖十七年之后,内阁十四个辅臣中,有九人是通过写青词起家的。首辅大臣中,除严嵩之外,还有夏宫、徐阶等人都是青词高手。这种"终南捷径"甚至被后辈垂涎,传为典故。难怪清人元璟在求官不能如愿之后,写诗叹道:"欲与重华语,青辞何处陈。"因此,我们说帐书这种形式不是从天上掉下来的,是有传统的,不过历史上画符是道士和少数文人的特权,现在广泛流传到民间了。九莲山的情况就是人民大众在传承这种文化的一个典型案例,其他地方也有写帐书的现象。比如,我们在做民俗考察时就亲眼看到济源王屋山仙观、淮阳太昊陵的群众写帐书的民俗现象,只是没有九莲山的规模这么大罢了。

这种传统就是中国道教的符咒传统。符咒是中国传统道教诸修炼中重要的组成部分。符咒包括咒语和符篆。什么叫"咒"?《说文解字》载:"祝者咒也。"远古时祝、咒不分,可以互训。《尚书·无逸》疏文云:"祝音咒,诅咒为告神明令加殃咎也。"说明最初的咒语就是用语言告诉神明要求他老人家援手惩罚恶人,而且带有向神明发誓的因素。而符篆则是用符文求神灵保佑消灾赐福的手段。在历史的长河中,纷繁的符篆道法,千奇百怪,表现各异,概括起来主要有四种。

第一种称为"复文"。所谓复文,是指每个符文由两个或多个小字组合而成,这些组合而成的复文,拼组成一幅幅符篆。复文还有一些是由多道横竖曲扭的笔画组合而成。这一类复文形式的符篆与九莲山的某些帐书文字十分相像。

第二种符篆文字的表现形式称为"云篆"。云篆是用来表现人们想象的天书,即模仿天空云气变幻形状或模仿古篆、籀体加以变形而造出的符篆。这种表现形式被九莲山帐书广泛传承。

第三种符篆文字的表现形式称为"灵符"、"宝符",由更为复杂多变的圈圈点点和繁复线条构成各种图形或神秘文字,具有很强的神秘意味。

第四种形式称为"符图"。顾名思义，这种符篆是既有图又有文，一般由天神形象与神秘符文结为一体。这类符篆多在古墓随葬物中发现。

总之，道教符篆形式多样，使用十分广泛，有的用于为人治病，有的用于驱鬼避邪，有的用于救灾止害，也有用于书符于章表，上奏天神祈福的符篆。古时，符篆和咒语多由巫祝或道士们操作，专业性很强，是神职人员的专利；而九莲山区群众的帐书多是群众自己创作，用来奉献给上天，祈福消灾、保佑事业顺利和身体康健的一种精神信仰。这样看来，写帐作为一种文化现象经历了从民间走到皇家，又从皇家走到民间的完整发展过程，这个过程符合文化发展规律，不足为奇，这其中有很深的社会学、文化学、心理学原因，不能简单地把写帐书这种活动看成是封建迷信。

每一个民族的文化都是伴随着自己独特的经历而逐步成长、成熟起来的。中华农业文明的发展史创造了华夏文明的精神信仰和生活样式，今天看来有些传统文化事项已经跟不上现代文明的要求，但民间传习的这些生活事项是传统生活样式和精神信仰的遗留，是我们民族文化曾经存在的见证。像西莲寺写帐、交帐这样的文化现象，它们在过去和现在都发挥着解决群众精神信仰和排解群众心理障碍的文化作用，而且老百姓现在还习惯于这样的生活。也就是说，百姓有自己的生活方式和生活习惯，执政者要尊重他们的选择。中国有十三亿人口,五十六个民族,不同民族、不同层次的人有不同的生活经历和习惯,只要这些习惯符合中华人民共和国法律条文的规定,都应该承认其行为的合法性,要承认和习惯社会与人的差异性。封建时代号召人们"成圣贤",但是,又知道不可能人人都成为圣人,现代社会讲究科学、民主,但也还会存在人的差异,不可能人人都成为科学家,人人都达到领导干部的认识水平。百姓要面对自己的家世、身体状况和实际境遇,面对自己想象的追求的东西。从执政者、领导机关、文化部门来讲,应该允许老百姓有自己的生活方式,这是一种雅量,也是一种重要的政治方法。20世纪80年代以来,九莲山的百姓和香客们自己出钱,修葺庙宇,烧香也好,拜佛也好,疗治了许多人的心理疾患,满足了部分人的精神需求,这是一种功德。有了这些庙宇,又给我们新乡的文化旅游事业打造了一个极好的品牌,国家没花钱,事业发展了;老百姓过得高高兴兴,旅游带动了就业,改善了民生,何乐而不为?

2.帐的文化根基

从艺术的角度看,九莲山的写帐水平很高,这些民间美术虽然形式多样,却都有着深厚的民族文化积淀。一种是色彩纷繁的具有典型的民间审美特点,给人以很亲切的艺术感受;另外一种是高雅的具有很强的形式美感。像题名"风调雨顺"一类的帐书(图3-4),在九莲山展出的作品中还不在少数。风调雨顺帐和楚国时期的绘图

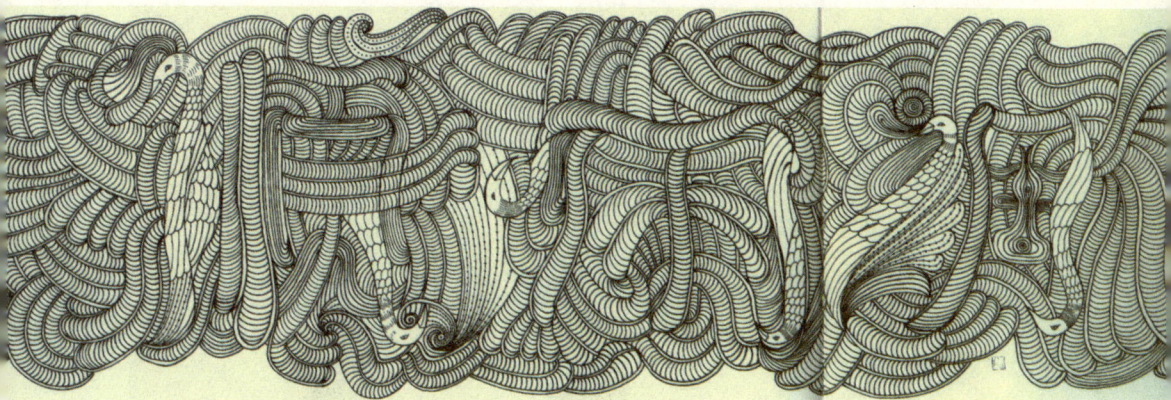

图 3-4　风调雨顺帐(局部)

风格一脉相承。创作者没有受过专业训练,但有民族感情积淀,有民间艺人的独特创造能力,画的龙凤很规范,和老祖宗的创造很相似,是中国传统的表达方式。还有一些帐上画了天国的门(古代天门叫璧门,又叫玉门,因为古人想象天门是用玉做的,上面的玉璧是一个主要特征)。画画的百姓没学过玉门的知识,不知道天门就是璧门,但同样在门上画了圆圆的玉璧,这就是民族的传统一代一代往下传的体现。中华文化对鱼、蛙、葫芦等情有独钟,反映了一种生殖崇拜的传统思想,如图 3-5 葫芦帐。西莲寺大雄宝殿和其他大殿的屋顶上刻的、画的、雕塑的到处是葫芦,观音楼上画的也是一大片葫芦。生活中见到挑担的老先生,前面挑着大葫芦,后面挑着一串小葫芦。画的帐里面多有盘瓠,盘瓠也是葫芦。这不是巧合,这是几千年中华农业文明生殖崇拜、祖先崇拜的观念在文物和生活中的表现,都是实实在在的民间信仰。担里的葫芦是真实的葫芦,是活着的俗信。盘

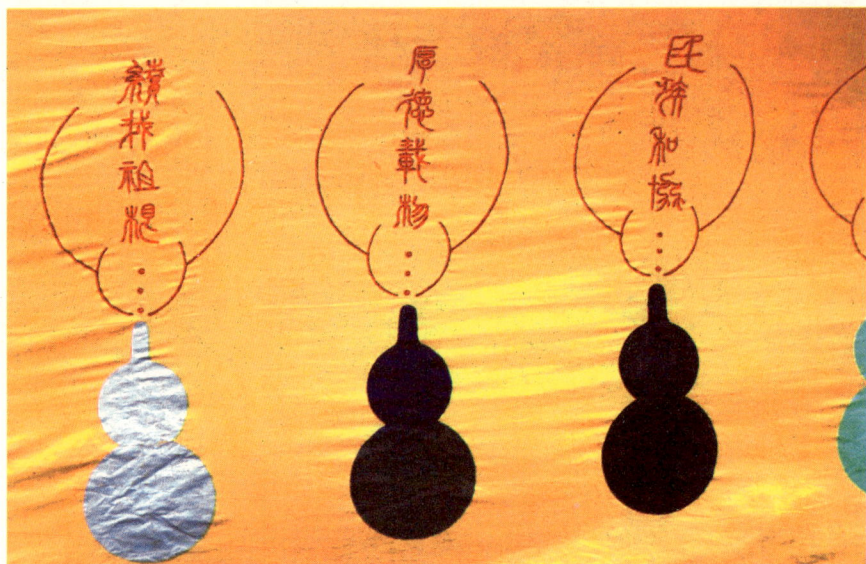

图 3-5　葫芦帐

瓠和盘古到底是怎么回事?学术界争得一塌糊涂,有的说盘古是盘古,盘瓠才是葫芦,但在老百姓心里,盘瓠和盘古是一回事,画帐画盘瓠,可见在民间盘古信仰深入人心,葫芦崇拜天长地久。

因此,我们对帐文化的源流问题用六个字概括:"旧传统,新发展。"

所谓"旧传统",就是此情此景自有渊源,不是今天突然从天上掉下来的。帐书文化主要传承的是道教文化,在儒、释、道三教合流的大背景下,九莲山地区的帐书文化在流传过程中也表现出三教合流的特点,道教文化则属于它的本质特征。所以,道教的诸如"画符"、"云篆"、"复文"之类的形式在帐书中都有体现,帐书的某些文化形式和文化元素在今天看来依然很亲切。至于从帐书图案中看到青铜文化的影子,看到楚文化漆器的影子,说明帐书中有很强的中国传统文化的积淀,对于创作者来讲可能是一种无意识的活动,但从中却可以折射出传统文化对今天的影响。帐书是有文化渊源的,是有传承方式、传承渠道的,只是后来被我们当作封建迷信的东西斩断了。

所谓"新发展",一是人群的发展,二是题材的发展。主要原因是社会的变化及传承方式的变化。关于帐书技术层面的传承,过去是有着相对固定的人群的。古代生产力落后,教育不普及,写帐和画帐都集中在有知识、有文化的巫师、道士手里,这些人代代相传,人群小而稳定,题材大多有本可依。过去巫道所做的这些事情,现在普通百姓都可以做,题材宽泛了,无所顾忌,只要能表达群众心中所想,达到目的就可以取材为我所用。更有意思的是,写帐人聚在一起还经常唱红歌,这便是与时俱进。主流文化是一回事,老百姓按照老百姓自己的生活方式生活是另外一回事。但是百姓也要研究、懂得法律法规,在国家法律法规允许的前提下去表达意愿和信仰。真正地尊重百姓、尊重百姓的生活方式,在合法的前提下让百姓丰富自己的精神生活是很重要的。说得高一点,它应该被视为和谐社会建设的有机组成部分。

第二节　帐书的社会功能

　　在几次田野调查中，我们发现九莲山这个山野之地较好地保留了传统的生活方式和生活空间。山里的人们白天生产劳动应付生活压力，晚上和固定假日集合在庙宇里倾诉和释放精神上的压力。有些人来的时候压力重重，走的时候轻轻松松，这是一种社会生活方式的文化绩效，具有一种功能性的研究价值。这种文化功能的开发和利用，对我们解决现代社会快节奏、高压力、精神紧张无法排解，解决精神生活与物质生活关系问题有一定的启发。

　　中国古代三教合流，庙宇和老百姓的经济生活融合在一个共同空间当中，是一个精神生活和经济生活的共同体，其社会功能是多元的，因此具有很强的自我调适功能。改革开放以后，经济发展了，社会富足了，民间的生活方式、居住空间、物质生活空间都发生了很大的变化。同时，另一个重要的变化就是精神生活空间的淡出，民间村落已很少存在精神生活的空间，精神生活比较匮乏。农村过去的宗祠、庙宇从我们生活当中革除了，有效的公共文化设施和集体文化生活越来越少。中国人几千年来习惯的生活方式距离我们越来越远,那种文化性、仪式性和认同性很强的文化生活方式的缺失,带来的问题是社会功能的简单化、社会道德伦理的淡化和心理疾患的多发化、复杂化。人要活在一个有倾诉、有寄托、有亲情、有伦理的空间里才能心理平衡、身心愉快,建构这样一个结构合理、自我调适能力强的生活共同体是建设和谐社会长治久安不容忽视的问题。

过去,人和神、身和心、精神生活和物质生活通过文化仪式在这么一个空间中实现和谐,创造了一种天人合一、精神生活与物质生活合一、人和自然合一的文化,特点非常明显。

现在,人们的生活节奏快,讲效率,重经济效益,淡忘了精神和文化的重要性。然而,物质和经济不能解决一切问题,在生活节奏越来越快、生活压力越来越大的今天,道德问题、心理问题越来越多,精神与物质生活相脱离的生活方式所存在的局限性日益显现出来。社会科学研究者应高度关注,为解决人在社会生存中的精神生活问题献计献策。来九莲山的一些人,是带着生活中的压力、不快及其他心理问题而来,在写帐、交帐、倾诉、交流中轻松而去。这种文化功能的利用和开发,对我们解决精神生活和物质生活关系问题是不是有所启发呢?这很值得我们研究。

我到九莲山住过几次,感觉很好。过去,我们的文化讲儒学,儒学在成就人的社会环境方面很实用。孔夫子的理论立足于日常伦常,从伦理亲情出发,经过自身的修养,让人产生一种精神上的超越。在这一基础上，中国文化形成了三教合流的境界与传统，综合解决人生中的问题。人们有个形象的比喻，说儒教好比是粮铺，道教好比是日用百货铺，而佛教好比是药铺。道理很简单，粮铺很重要，但人活着不能光吃粮食，病了要吃药，平时也有日用百货的需要，这些问题都解决了，人才能生活得好。所以现在的新农村改革、新农村建设也要有这样一种认识，即使是现代人也不能光解决粮食问题，白天吃，晚上睡，没有信仰，不要家庭、家族，没有祠堂，不讲伦理，这样一种没有精神生活的生活是有缺憾的。传统社会的结构搭配有其合理因素，既有吃粮食的地方，也有治病的地方，就是说在考虑日常生活的同时，也要考虑到精神疾患的医治，就像身体产生疾患有医院可以疗治一样，精神上的疾患需要有地方去倾诉，社会结构中就应该有它的位置与合法地位。长期以来，我们很少从这一角度去思考问题，正因为如此，我们需要向传统学习。所以，儒、释、道三教合流互补，形成一个共体，这些经过几千年历史检验能解决普通人生活问题的文化结构，亟须进入我们的研究视野。

现在的村落建设、社区建设应该借鉴有益于当今社会实践的一切智慧，这也是一种思想解放，一种重要的社会主义新文化建设。从这里出发，进一步完善我们农村、城镇的生活空间的社会功能，从而完善我们的生活方式。我觉得九莲山环境当中有这样的社会功能，生产、生活、交流、倾诉、排解相结合，精神生活与物质生活相结合。在这样的空间结构中，人们生活在浓浓的文化氛围中，生活在信仰当中,又生活在现实中,这恰恰是中华文化的一个特点,讲究天人合一,和自然亲近,和自己心中的神灵亲近,疗治心理疾患。

《论语》里子曰:"有朋自远方来,不亦乐乎?"这说明人的内心是孤独的,需要排遣,需要倾诉,需要道同之知音。知音难觅,就如刘震云的《一句顶一万句》中所说:"一个人于红尘滚滚、火树银花中寻寻觅觅,蓦然回首,那人却在灯火阑珊处,于是共剪西窗烛,巴山夜雨时;登上幽州台,前不见古人,后不见来者。"这是一种无法排泄、难以言表的孤独感。那人与人之间的有限相托和不能言说就需要有另外一种形式去表达。写帐,是信仰亦是倾诉,把心中的郁结宣泄在帐书上,为心灵寻找一个突破口,媒介就是这些符号、文字和图画。多数写帐人讲,写帐是从生病开始,但把心里话说出去,解了心结,心情舒畅了,病就好了,这也是一种心理疗法。回过头来联想前边那个形象的比喻,人们的生活既需要粮铺、日用百货铺,但一点儿也不应该忽视药铺的建设,社会要有能力综合解决人生中的问题。儒、释、道三教合流、功能互补形成一个共体,是经过几千年历史的检验能解决普通人生活问题的文化结构。当今要进行社会主义新文化建设,中国村落、社区建设也应该借鉴一切有益于完善生活空间的社会功能,借鉴一切完善生活方式的传统智慧。

第三节　九莲山文化品牌建设问题建议

九莲山存在儒、释、道三教合流的特点,具有历史悠久、文化资源丰富、群众生活方式原生态等优越的条件,要充分利用,认真保护。

1.寻找实物佐证历史

西莲寺庙宇,说是有很长的历史,实际上没有找到太多的文献依据。中国人看建筑的历史,一方面看实物,一方面看文献。现在康熙碑、乾隆碑、雍正碑都散落在河边的坝上、庙前、路边、角落,希望能把这些碑都收集起来,这是悠久历史的证明,至少证明庙宇在明清时是非常红火的。

2.神位摆放排序不规范

在西莲寺,前殿以佛教为主,后殿以道教为主,这样的结合方式反映了中国文化的大度。神位的摆放位置,可能是赞助人、供养人出钱,按他们的意思摆放的,有点随意。要发展旅游,建设文化,把西莲寺做成很好的道场，神的座次就要讲究排位。九莲山有丰富的文化资源，具有很强的开发潜力，一定要高标准、严要求，把景区建设成为一个规范、地道的非物质文化遗产保护区。

3.以保护、传承为主，防止过分的现代化开发

九莲山群众的生活方式和生活空间结构比较传统，是中原农业文明的遗留，应该给予高度关注与保护，防止过分的现代化开发。这一点已被许多地方的教训所证实，此不赘述。

作为学者，置身在九莲山这个环境之中感觉很舒服，但在思想上还是有很多禁区的。一是香客们有顾虑，二是民协有局限，三是管理部门有难处，这就要求相关人员要在国家法律允许的范围内合理、合法地开展信仰活动。我国民族的信仰从远古走过来一直没有间断，现在要生存下去，就要按照国家要求有智慧地长期发展。尽管目前还有很多困难，但是仍要积极参与到独特民俗活动的研究中，从学术角度、文化角度、信仰角度、人类心理学角度，对九莲山西莲寺帐书文化进行探讨。不只考虑申遗，还要考虑方方面面的关系，该做的学问，该做的研究，该进行的民俗活动，都可持续地往下发展，使九莲山交帐圣会健康长远地开展下去。只要坚持，相信一定会承传这悠久的历史文化，不断地发展并创造出未来的新文化。

第四章
文字有意：帐书中的民间
文字研究

　　在新乡九莲山地区有一种"写帐"的民俗活动,又称为"打盘"、"传功"。写帐的结果和载体是"帐",帐又称为"盘"、"盘基"、"帐盘"、"帐书"、"天书"。帐书是写在纸上或布上的一些以文字为主又不像文字,像画又不是画的符号,它们构思巧妙,精美大方,线条清晰,令人惊奇。通常所说的写帐是一个综合概念,包括写帐、开帐、交帐三个步骤。开帐,是由开帐人解释帐上的内容。交帐,是写帐人在仪式上焚烧帐。写帐的创作阶段主要是采用文字和绘画两种方式,需特别指出的是绘画帐中一般都有文字或字符存在,图画和文字相结合的帐,文字多为图画的说明。另外也有采用剪纸、拼贴等形式创作的帐书。写帐一般用普通书写纸,多为白色纸和黄色纸,篇幅较长的帐用布。现在写帐多用彩色画笔,以油性的为好,可以添加墨水。也有用毛笔的,用黑色和红色墨水。在布上绘制,有用丙烯颜料的。写帐从不打底稿,而是直接创作,信笔挥洒,如有神助。更令人称奇的是这些写帐人文化程度都很低,家庭经济困难,社会地位较低,属于农村中的"另类"。这些社会文化现象已引起众多民间文化专家的浓厚兴趣,在国内外产生了一定影响,具有很高的研究价值和现实意义。

从帐盘作品看,以汉字为主的帐占绝大部分,具有民间文字的典型特征和表现方法,并且达到了一定的艺术水准,应属民间文字的艺术范畴。民间文字也称为汉字图形、民间美术字或意匠文字,是一种以汉字为基础,通过变形、夸张、反复、添加、缺省等表现形式,进行创作使之赋予特定意义的民间艺术形式。"传统的汉字图形多有装饰功能,通常和民间的审美意义与功利意义相结合,在汉字图形的发展历程中,汉字图形与书法艺术、绘画艺术及民间的各种艺术形式相结合发展成独立的艺术门类。"[1]其题材多以吉祥内容为主,表达了人们追求幸福的愿景,充分显示了劳动人民的聪明才智,并渗透到民众生活的各个方面。但是随着社会的发展,民间文字已很少见到,濒临失传。九莲山地区集中出现如此丰富的民间文字并仍然使用至今是很少见的,在一定意义上可以说九莲山帐书是中国民间文字的"活化石"。

下面我们从民间文字的角度,对九莲山帐书的表现形式、艺术特征、文化特征进行梳理和思考,试图探寻九莲山帐书的历史渊源和社会价值,理性认识和科学传承这一非物质文化遗产。

第一节　九莲山帐书文字的主要表现方法

　　中国民间文字有其独特的社会功能,在长期的发展演变过程中形成了一定模式的构成方法和表现形式,符合劳动人民的审美观和价值观。根据吕胜中先生所著的《意匠文字》中的民间文字表现形式分类,九莲山帐书文字主要有以下几种形式:

1.择衣得体

　　简单的一句话,"用自然中的生灵万物重新拼缀文字"②,这就是"择衣得体"的内涵。

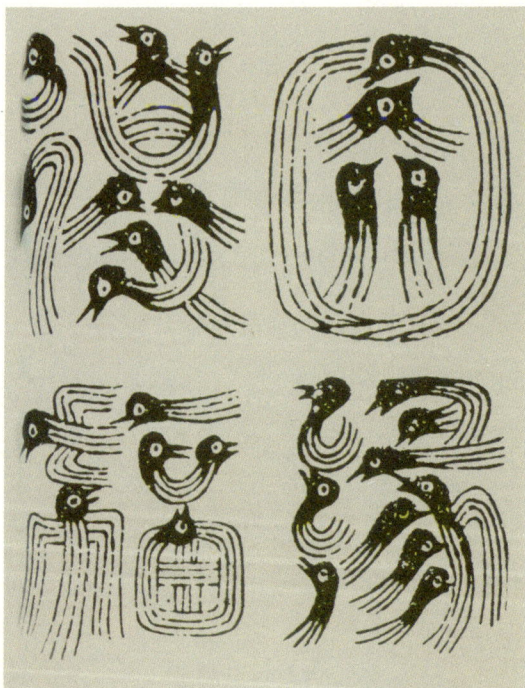

图 4-1　因缘得福帐

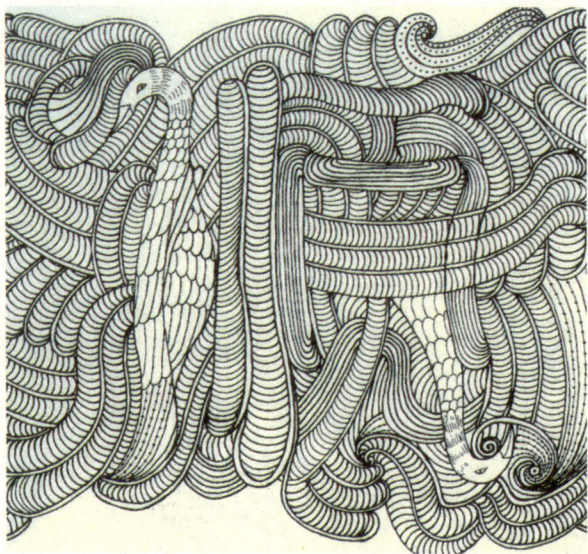

图 4-2
风调雨顺帐(局部)

人们根据审美要求和个人意愿,采用象征的手法,借用花鸟、鱼虫、草木、日月、星辰、山水等各种形象,对文字进行重新创作,以满足现实需要。这样也使单一形态的文字丰富起来,充分体现了劳动人民的聪明才智和对美好生活的向往。如图 4-1 因缘得福帐,采用鸟首组成字体,丰富了文字的单一形态。这种形式的作品在帐书中得以充分体现,如图 4-2 风调雨顺帐,其文字的笔画就是用鸟形表现的。另外,还有的帐是用鱼、蜻蜓等动物形象表现的(如图 4-3),从而使文字形象生动,更好地深化了主题。

2.节外生枝

除文字的结构、笔画之外,通过添加新的图形衍生出新的形象与意境,目的是更好地表现主题,使之更加生活化。汉字的结构、笔

图 4-3 鱼组成的文字帐

图 4-4
寿(清青花瓷盘纹样)

画与新的图形相辅相成,互为一体,既在情理之中,又出其不意,极大地丰富了字面意蕴。如图4-4,清青花瓷盘纹样"寿"字的设计,用象征长寿的桃子和苍劲的桃枝与"寿"字相结合。另外,还有迭文帐,具有九叠篆书体的特征。九叠篆书体,也称九迭文,是在宋朝形成的一种专门用来刻印的篆字别体,利用篆书的表现形式对文字进行艺术处理,笔画折叠

图 4-5 契丹大字官印

图 4-6 神州帐

图 4-7 迭文帐

九至十叠,甚至更多,以增加其装饰性和私密性,如图 4-5,契丹大字官印的设计即采用这种形式。在帐书中有一些作品的字体笔画往复变化、重复添加,如图 4-6 神州帐。而迭文的字体在帐书中也有不少,如图 4-7,这种文字帐就是一种迭文的表现形式,这幅作品与图 4-5 如出一辙,惊人地相似,这绝不是巧合。

3.灵咒真符

用于驱邪纳福的咒符文字,如太上老君神印、道家神符、保佑读书人高中符(如图 4-8)。所谓的咒符,就是用文字书写可使鬼神为信众驱邪纳福、保佑平安的文书。文字是经过重新组合的,且有一定的规律,但是一般人是看不懂的。九莲山帐书"总体而言,是道家的东西,类似于咒符一类"③。如图 4-9,这种文字和"保佑读书人高中符"文字的构成具有一样的特征;但是帐书中对咒符的运用并不是简单的"拿来主义",而是加入个人的理解后再运用到作品中去,相比较而言,后者的字就打破了前者规整的组合,显得随意自由。

保佑读书人高中符

图 4-8　咒符文字

图 4-9　咒符帐

图 4-10　招财进宝

图 4-11　繁文帐

4.借口共用

　　找出相同偏旁、部首或相似之形,巧妙组合,互相借用,一箭双雕或一箭多雕,从而形成一个整体的文字图形。这种字体组合的方法在滑县木版年画中很常见,如图4-10,民间吉祥字符"招财进宝"就采用了这种方式。如图4-11,这种字体在九莲山帐书中时有出现,体现一种圆满、互通、和谐之意,这种字非常多,但其字义难以揣度,不知何意,暂称为繁文帐。

5.藏字隐句

运用一种文字游戏如拆解、重组、谐音等形式对文字进行创意,让人产生想象的空间从而产生新的意境和意味,或者是个人意愿不想让人知道而采取的一种秘密形式。如图4-12,四川白帝城《关帝诗林》碑,把一首诗巧妙地隐藏在一幅竹子画中,"不谢东君意,丹青独立名。莫嫌孤叶淡,终久不凋零"。另外,在民间文字中还有一种把文字设计排列得有粗有细、有大有小、有反有正、有多有少,很是怪异,如图4-13,苏轼的《晚眺诗》就采取了这样的文字安排技巧④,这首诗是:"长亭短景无人画,老大横拖瘦竹筇;回首断云斜日暮,曲江倒蘸侧山峰。"这些文字藏得更妙、更绝。而图4-14九莲山帐书中的风调雨顺帐则是典型地运用藏字隐句的表现形式进行创作的。

6.替花叠影

用一个完整的图形代替笔画,而不破坏文字的结构,恰到好处,形象生动,含蓄内敛,增强了文化感染力,如图4-15,"信"的书写,创作者分别用一只人首鸟、一只小鸟作为"信"字上半部的组成部

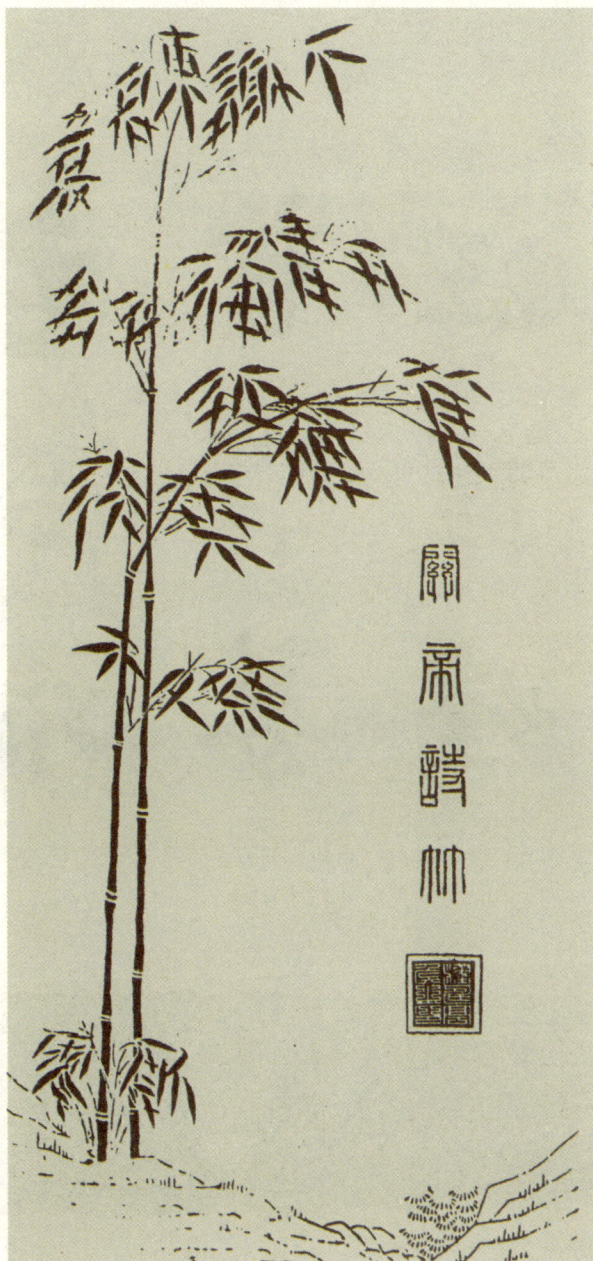

图 4-12《关帝诗林》碑

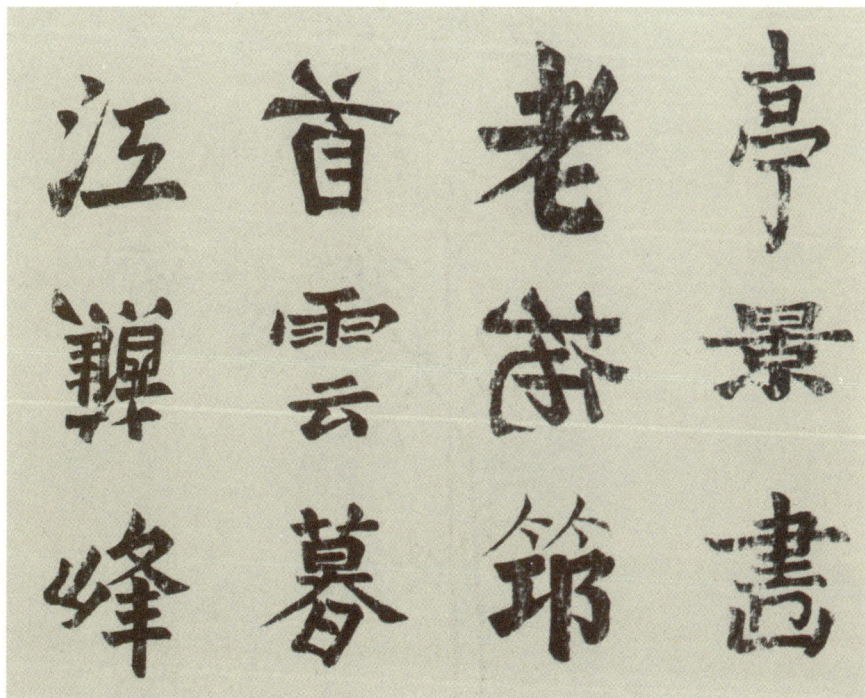

图 4-13 《晚眺诗》(苏轼)

图 4-14 风调雨顺帐

图 4-15 信　　　　　　　　　图 4-16 福禄寿帐

分，形象生动。⑤而这种替花叠影的表现方法也是帐书文字中的另一种形式，来源于古代的象形文字。这种文字组合在帐书中也时有出现，如图 4-16，福禄寿帐中的"福"、"静"等字，都是运用了鸟的形象作为字体的组成部分，和上述文字的构成具有异曲同工之妙。

第二节　九莲山帐书文字的独特艺术特征

　　九莲山民间文字与中国民间文字一脉相承,从点画、结构和造境入手,采用嵌入与叠合、连珠与编排、添加与替代的表现方法,具有雅俗共赏的艺术特征,达到了较高的艺术水准,但是也具有一些特别之处。

1.现代艺术特征

　　中国当代最具国际影响力的艺术家之一徐冰先生,以中国文字为基础,致力于天书系列创作,用符号性、图像性的语言设计创作了一些"新汉字"(如图4-17),改变了人们

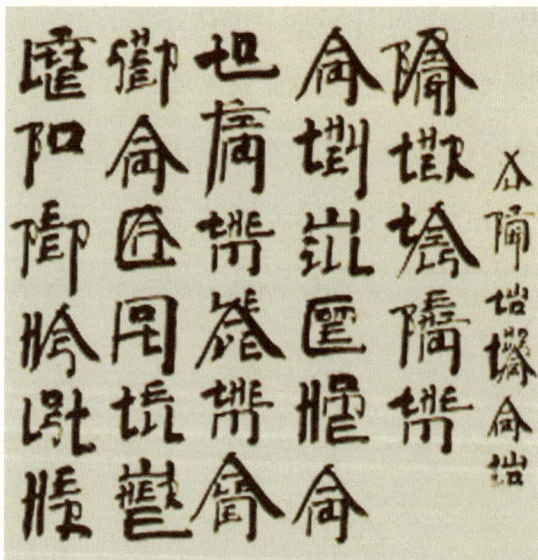

图 4-17　徐冰天书作品

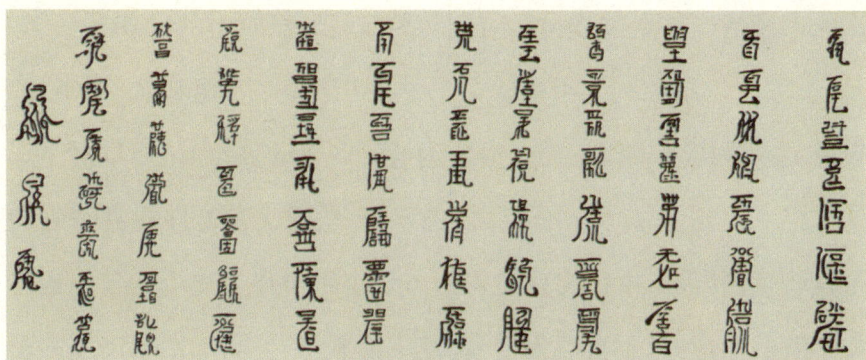

图 4-18 文字帐

对汉字的传统认识和思维方式,以一种现代艺术的面貌呈现于人们面前。令人称奇的是,这种形式在九莲山帐书中时有出现(如图 4-18),这种文字帐和徐冰的作品有着相同的韵味,异曲同工,不谋而合。再如,著名艺术大师韩美林先生的天书系列(如图 4-19),恣意纵横,浓淡相宜,而九莲

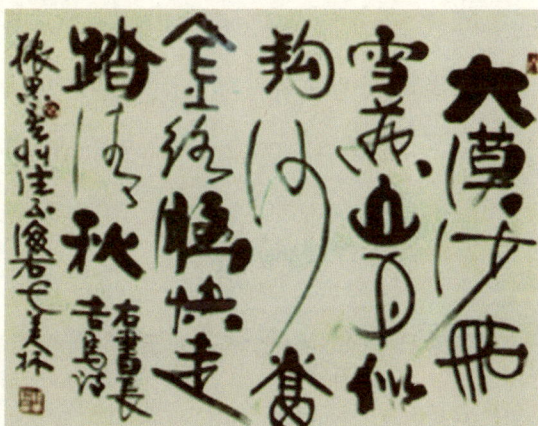

图 4-19 韩美林书法

图 4-20 文字帐

山帐书中的一些文字帐也具有类似的风格特征(如图4-20)。

"徐冰作品中的文字排除了书法的'音义'性,他对于'文字'的再造完全是出于现代东西方语言沟通的观念需要。他是通过对字形的重组和再造完成了一个巨大工程——从音义符号向视觉符号的全盘转化,使最具中国文化色彩的方块字不再作为交流工具的语言文字和书面形式,不再成为字音、字义的载体。他只保留了汉字字形的美学规范,从而使'字形'的美独立突出来。"⑥这些论述从某些程度上说也可以用在对九莲山帐书的评价上,说九莲山帐书具备现代艺术的特征,把中国民间文字向前推进了一步,也是合适的。

2.现代设计特征

在现代设计中,文字设计已成为很重要的设计类别,其设计方法丰富多样,并运用到各个方面,体现出了较高的艺术水准。九莲山帐书文字呈现出文字设计的构成方法和设计观念,字体运用装饰手法绚丽多彩,富于诗情画意,有空心、内线、断笔、虚实、折带、重叠、连接、扭曲等

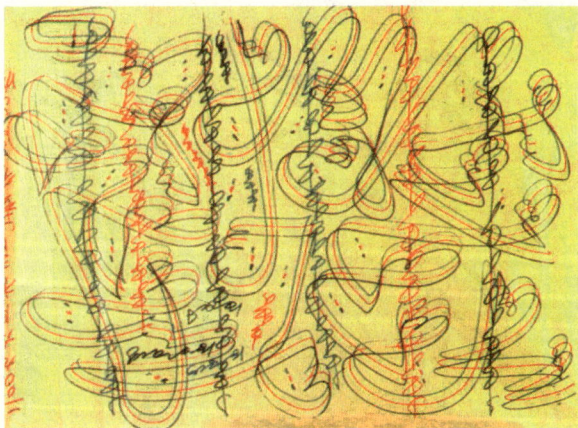

图4-21 图符帐

形式(如图 4-21)。在第四届方正奖中文字体设计大赛优秀奖《汉字的平方》将"双"的概念体现得淋漓尽致⑦(如图 4-22),而在九莲山帐书中,也出现了类似的作品(如图 4-23),这方面的例子还有很多。这可以充分说明九莲山帐书文字并不是固封自守,而是借鉴现代设计方法进行创新性发展。

3. 符号元素的综合特征

与传统民间文字相比,九莲山帐书文字呈现出符号元素的综合性特征,它们以汉字

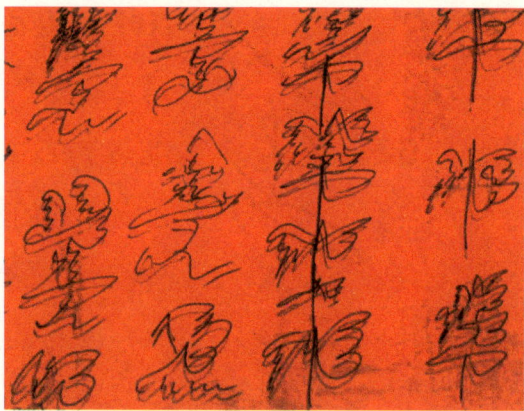

图 4-22　汉字的平方

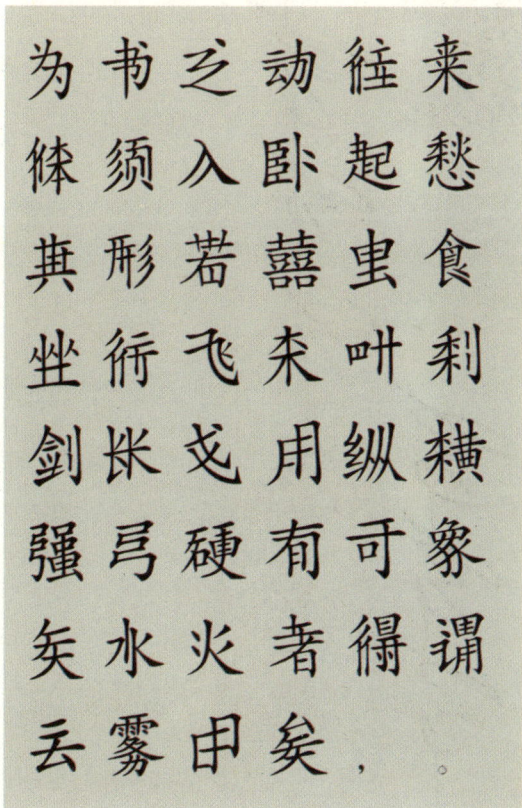

图 4-23　文字帐书

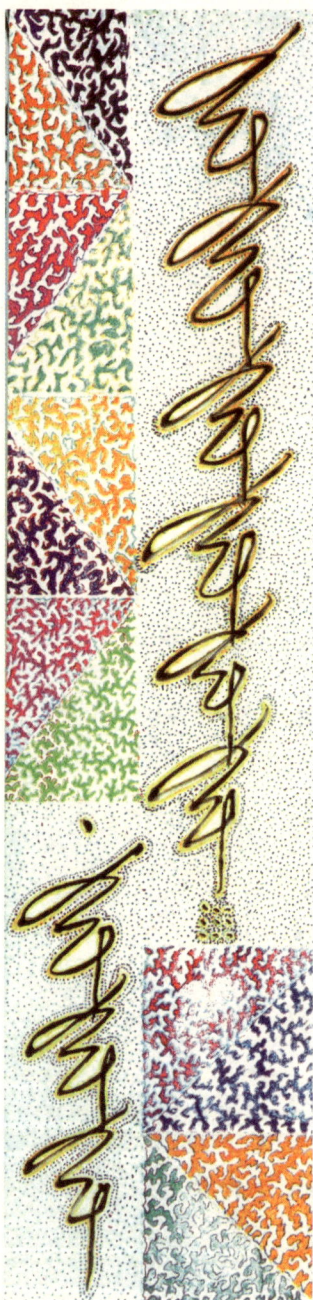

图 4-24 文字帐

为主,或是抽象符号,或是变形篆体字,或是象形字,还有一些呈现出鸟虫篆、花鸟字、数字、外文等文字形态,展现出一种多元的、全新的艺术特征,抽象浪漫,拓展了想象的空间,提高了感情释放的自由度(如图 4-24)。

4.书写性特征

九莲山帐书是"写"出来的,这个"写"字,在科学技术突飞猛进、西方文化来势凶猛、社会急功近利、人们心浮气躁的今天显得尤为可贵。用手书写,是感情的真心流露和朝拜。九莲山帐书由于书写性特征,与约定俗成的传统文字相比而显得轻松自然、情深意长。

5.图画与文字结合

这里所说的图画与文字结合,不是单个文字与图形相结合,而是在一幅作品中既有图画又有文字,彼此独立又相互依存,文字是对图画内容的解释和补充,就像中国画作品中的题字落款,具有传统绘画的美学特征。

6.篆草特征

九莲山帐书中的文字基本都具有篆字的特征,尽管一些字不是准确的篆体字,但是它具有篆书的笔画特征和笔法。另外,一些字体具有草书特征。其篆草特征与帐书的功能要求密切相关,因为真草隶篆诸字体,最难辨认的就是篆体字和草体字。

第三节　九莲山帐书文字的文化特征

九莲山的民间文字,综合看来有以下几种文化特征:

1.神秘主义特征

神秘主义在中国具有悠久的历史,是东方文化的主要特点之一。神秘主义是指能够使人们获得更高的精神或心灵之力的各种教义和宗教仪式。神秘主义的基本信条就是世上存在着秘密的或隐藏的自然力。这里神秘的知识被认为是来自原始古老的智慧,神秘的自然力被认为可以用来控制环境和预言未来。神秘主义渗透于中国传统文化的方方面面,特别是民间信仰、民间艺术等方面,汉字图形的社会功能使之与神秘性紧密相连,成为民间文字传承发展的动力。民间艺术与原始宗教、传统信仰密切相关,从而带给人高深莫测的玄学之感,是对祛灾纳福的生命祝祷和对生殖繁衍的祈求。

九莲山文字自始至终充满着神秘色彩,一些现象常人无法理解,文字的内容称之为"天机不可泄露",常人更是无法辨认。这种浓郁的神秘主义色彩贯穿于人神、天人以及自然与文化之间,通过非常规的认识方式昭示人生真谛, 它从负面反衬出人类追求真善美的信心和理想,而且只要社会尚未达到理想的美好境界,人类受到社会变化的压力,自然有一种对精神慰藉的需求,从而获取理想的补偿。神秘主义不仅有传统的渊源、历史的积淀,而且也有深刻的现实意义。人的精神生活、精神世界极为复杂且难以把握,因此神秘思潮总能找到其生存空间,永远不可能彻底消失。在此,我们不探究神秘主义是否科学,但我们完全可以从其艺术性和理想的高度予以认可。

由神秘主义而形成的非公众性特征是九莲山帐书文字不同于中国民间文字的特征之一。中国民间流传的文字符号,大多被群众接受和认识,对其中的文化内涵较为了解,而九莲山帐书由于其特殊的社会功能而更显神秘。

2.吉祥文化特征

吉祥艺术是一种与生活密切相关的艺术,它使每一个平淡的日子变得充满乐趣和生机,给人们的心灵带来了满足,中国人向来有着吉祥观念,吉祥观念深入人心,具有很强的民族特色,成为人们情感表达的主要载体。吉祥文化发源于原始宗教,精神崇拜是主要根源,中国的吉祥心理和吉祥艺术传承延续几千年,殷商时期的甲骨文实质就是一种占卜文字,占卜实际上是对吉祥的期待。《易·系辞下》曰:"吉事有祥",就是说吉祥如意之事都有祥兆。《庄子》说:"虚空生白,吉祥止止。"《说文》说:"吉,善也,从士口";"祥,福业,从示羊声,一云善"。古代"吉祥"解释为"吉者福善之事,祥者喜庆之征"。在我国"吉祥"向来是表达祝福喜庆的良言善语,吉祥观念成为战胜困难、向往美好的心理愿景,是中国传统文化中具有深厚群众基础的文化现象,是东方文化的独特景观和宝贵财富,展现了中国人民的生命观、生活观、思维观、审美观和道德观。这种要求通过艺术形式表现出来,渗透到生活的各个方面,代代相传,并成为一道独特的文化风景线,屹立于世界民族文化之林。吉祥文化是一种观念性极强的民间文化形式,其内容寓意深刻,主题传达明确,深受人们喜爱。进入文明社会以后,追求吉祥美满的心理得到进一步发展,一些动物、植物以及纹饰图形被赋予特定含义,成为吉祥喜庆的象征。这种缘物寄情的寓意无外乎表达福、禄、寿、喜、财、吉、和、安、养、全等十种心理愿景。在吉祥文化中吉祥文字以语言文字为主要内容,多以祝福、吉祥为主,表达对他人或自己的美好祝愿,沟通人与人之间的情感,民间有"出口要吉利,才能合人意"之说。

从九莲山帐书文字内容和部分写帐人所言,他们写帐的目的是驱邪除灾、纳福招财、延年增寿,祈求幸福、健康、丰收、和谐。同时文字内容和图案也与之相关,图案符号中出现了诸如云纹、太极、太阳、月亮、蝴蝶、蝙蝠、蜻蜓、鸟、鱼、葫芦、龙、凤、莲花、松树、铁树、玫瑰、生命树、宝剑等吉祥图形。帐书中也出现了天安门、国旗、汽车、摩托车、新房、发射塔、电线杆、公路等具有时代特征的表现国泰民安的新元素。另外,也有表现美好爱情、男耕女织的题材。文字内容也多为风调雨顺、福禄寿喜、保卫祖国、国泰民安等吉祥语句。这些都充分体现了九莲山帐书的吉祥文化特征,与国家倡导的小康社会、和谐社会和新农村建设是一致的。

3.汉字崇拜特征

汉字是中国文化核心的核心,是华夏民族的血脉。《淮南子》说仓颉造字时"天雨粟,鬼夜哭"。文字产生时,上苍为之感动,魔鬼为之恐惧,可见文字的无穷神力。因此中国自古就有敬惜字纸的习俗,汪曾祺先生有一篇文章《收字纸的老人》,文中说:"中国人对于文字有一种特殊的崇拜心理,认为字是神圣的。有字的纸是不能随便抛掷的……"清代画家曾衍东有一幅关于"敬惜字纸"的画,画中有一位老人,肩挑箩筐,沿街捡有字的纸,并题款曰:"惜字当从敬字生,敬心不笃惜难成。可知因敬方成惜,岂是寻常爱惜情。"[8]据说这些纸收回去整理干净后,要专门到惜字亭烧掉,人们相信烧掉的字将化为一只只蝴蝶飞到天上去。因此,"在人们心目中,字是神赐予芸芸众生的灵魂,崇拜生命,就要崇拜文字;珍惜生命,也要珍惜文字"[9]。人们普遍认为文字是有灵性的,同样认为文字可以与上天对话,只有文字才能表达自己的思想感情。九莲山帐书中大量文字的运用与人们的传统信仰息息相关,这也许是帐书中使用文字最本源的解释。

第四节　对九莲山民间文字的几点认识

1.相关"神秘现象"的科学定位和认识

一般人认为，西莲寺写帐中充满了神秘现象和待解之谜，有许多问题被神秘的气氛和迷信的外衣包裹着。根据著名民俗研究专家乔台山先生的总结，结合民间文字的研究，主要有以下几种"神秘现象"[10]：

帐是由多种神秘符号和奇特绘画组成的。这些"天书"上的神秘符号的含义能够破解出来吗？

写帐人多数文化程度很低，没学过美术，没练过书法，却能够熟练地写帐，能画出一些很复杂的图画，不用打底稿，提笔就能写画。是潜意识，还是心理暗示？是幻觉，还是冥想？难道真的像藏族的《格萨尔》传唱人那样，是"神授天命"吗？

帐上的内容连写帐人都不知道，或一知半解，而开帐人却能够解释出来。开帐人对帐的解释是否准确？写帐人和开帐人之间是什么关系?写帐人都称,写帐是受上天打令指示所写。他们有些人说自己曾试验过,有意不按"天意"写,就什么也写不成。这是故弄玄虚,还是不解之谜?

对以上问题我们应看到:第一,我们自己不能被局限,因为我们并没有走入写帐人的内心世界,有些内容已经破解;第二,写帐人学历水平不高,但社会阅历较为丰富;第三,写帐人虔诚的信仰以及心理作用有助于创作;第四,从文字内容看,具有很强的模式性和民间文字的构成方法以及艺术特征和文化特征,与民间文字一脉相承。这就是中国民间文化的一种形式,它具有民间文字的基本特征,并非"神授天命"。

诚然,对信仰的问题应予以尊重,信仰的力量和心理的慰藉是很强大的。因此,我们认为对其"神秘现象"的解释不能太"神",要科学认识其神秘性,适当保留其神秘性。但是科学地讲,九莲山帐书就是一种传统的文化现象,其写帐无神秘可言,不认识绝不等于神秘,只是未解之谜。九莲山帐书仅是个人意愿的表达和宣泄,个人的书写和创作外人又怎能破解其意图。在一定意义上,可以说不认识恰恰是在情理之中,一旦认识了也就失去了其意义,而显得不正常了。

2.艺术高度的准确把握

九莲山帐书文化一经发现便引起轰动,各方赞誉接踵而来,当前怎样准确认识帐书艺术的高度成为一个首要问题,因为这是研究的前提,不符合实际的评价将不利于帐书的保护与发展。有的艺术家认为:写帐人的书法水平没有十几年的功夫是达不到的;写帐人能够绘画、书写出连专业画家、书法家也难以达到的境界。何为书法?何为画家?对比帐书作品,这些评价显然有失偏颇,值得商榷。作品本身并没有达到美术和书法高度,因为他们不是为艺术而创作,而是为信仰而创作,但是可以看出其中蕴含着原生态的美术特征和旺盛的主观创作欲望。

从民间文字的角度看,帐书具有较高的历史文化价值。它不仅保留传承了民间文字,而且达到了较高的水平,有所创新,有所发展,特别是它具备的现代艺术特征和现代设计特征令人刮目相看。但是,我们应清醒地看到与传统经典的民间文字相比,九莲山帐书文字还存在一些差距。

3.九莲山民间文字的发展思路

(1)加强非遗保护,繁荣民俗文化,弘扬汉字艺术

帐书是九莲山民俗文化的主要内容之一,是非物质文化遗产的重要组成部分,是一种独特的文化现象,加强研究和保护刻不容缓。九莲山地区写帐之所以兴盛至今,究其原因大概有两点:一是帐书文化在精神上深入人心,在物质上代代相传;二是有一个传承的载体。《左传·僖公十四年》曰:"皮之不存,毛将安傅?"帐书就是"毛",而民俗活动是"皮",如果没有皮的存在,毛将失去生存的土壤,"毛"

也将形同虚设,最终会因为没有根基而消失。因此,要加强非物质文化遗产的保护,建立九莲山民俗文化生态保护区,建立中国民间文字博物馆,使这一珍贵的文化遗产原汁原味地保存下来,从而借民俗文化的繁荣弘扬丰富多彩的汉字艺术,使民间文字成为九莲山独特的文化景观,使旅游与文化相得益彰。另外,博物馆的建立,使之成为帐书创作者的学习课堂,使学习成为自觉,有利于传承和发展。

(2)以"九莲山帐书文字"为名称申报非物质文化遗产项目

从国家政策和非物质文化遗产申报原则看,把九莲山帐书文字纳入中国民间文字范畴并进行申报较为合适。理由有三:一是以帐书申报有"迷信"嫌疑,与国家文化政策不符;二是以民间美术申报,显然这一文化形式是不是遗产值得商榷;三是以中国民间文字(汉字)为主,申报非物质文化遗产的项目目前还没有成功申报的项目。

(3)吸取帐书文字的精华,为现代艺术创作提供滋养

我们的艺术,是世界的,也是民族的,单纯抱着五千年文化或简单地模仿西方都是行不通的,要在艺术创作中既体现个性和民族性,又要展示出现代的观念意识及时代感。正如韩美林先生所说:"这个世界如果没有民族的东西,就没有趣了。只有立足民族,才能立于世界,方显民族本色。如果失去民族性,将成为无本之木、无源之水、无流之河。"因此,加强对九莲山帐书文字的学习和保护已成为当务之急。九莲山帐书的吉祥特征、艺术特征、功能特征以及精神本质承载着丰富的文化内涵,应多角度、全方位地对帐书文化进行

解读和探源,总结其创作方法和艺术规律,使之成为我们艺术创作的源泉,对现代艺术民族化的形成将起到很大的推动作用。

(4)利用科学的方法进行研究和认识帐书,促使其更好发展

世上没有无中生有的现象,一些所谓的神秘现象是能够用科学的方法进行解释的。九莲山帐书应从民俗学、文化学、社会学角度进行生态研究,从心理学、艺术学、文字学角度进行信仰研究。另外针对写帐者、送帐者、普通信众、游客分别进行个案跟踪研究。正确区分科学、信仰与迷信,从而更好地利用这一宝贵文化遗产,为社会主义文化大发展、大繁荣做出应有的贡献。

参考文献:

①陈原川.汉字设计[M].北京:中国建筑工业出版社,2005:7.

②吕胜中.意匠文字·龙卷[M].北京:中国青年出版社,2000:57.

③"九莲山帐书之谜"系列之二.大河报,2011-5-9.

④吕胜中.意匠文字·龙卷[M].北京:中国青年出版社,2000:27.

⑤吕胜中.意匠文字·凤卷[M].北京:中国青年出版社,2000:349.

⑥包仕武.观念与意趣——展厅文化对书法创作的推进因素[J].美术报(916).

⑦中国文字字体设计与研究中心.为书之体——方正奖中文字体设计大赛精华集
[C].北京:中国青年出版社,2009:64.

⑧吕胜中.意匠文字[M].北京:中国青年出版社,2000:21.

⑨吕胜中.意匠文字[M].北京:中国青年出版社,2000:23.

⑩乔台山.帐盘真的不能破解吗,2009-11-12.http://blog.sina.com.cn/qiaots.

第五章
余论:九莲山民俗文化再认识

　　九莲山的帐书构思奇巧、形式独特、手法多样，是一种很陌生又很有意味的"艺术作品"。它们大都出自周边当代农民之手，在形式和内容上却与洋溢着乡土气息的现代农民画截然不同。在听到接待人员讲述其创作动机后，油然而生的是一种诡异和神秘感，不寻常的想象力和出乎意料的表达方式所创造的形式美感，让人过目不忘。

　　在用美术的形式作为民俗信仰的道具的同时，香客们还运用唱经的形式表达心声，汇集到西莲寺唱经——唱给神灵听的乐曲，演唱者或是向神述说自己在现世的种种不快与迷惑；或是以与神对歌的形式，表达对神灵的无限尊敬；或是劝导人向善自律，甚至还批评当下时弊。唱者动情，听者专注。初次接触这种借助河南当地曲艺娱神娱己的形式，无论是独唱，还是对唱，也无论是欢喜的，还是哀伤的，表达的都是自己的心声。用民众喜闻乐见的方式，巧妙地宣泄积压在心间的喜怒哀乐与酸甜苦辣，让心灵得到安抚，一身轻松地回去过日子。来自民间的智慧将生活艺术化，也将艺术生活化，艺术的社会功能自然而然地被诠释出来。

我们采访了部分写帐人,听他们的陈述,听起来不合常理,甚至故弄玄虚,有悖于今天我们崇尚的科学,但将其归入迷信、愚昧似乎也有诸多不妥。因为简单地用先进与落后进行界定,无疑是武断的。任何一种现象只要存在,自有其道理。如,该地至今还有"写帐在中原,交帐在西莲"的传说。写帐的目的就要让神知道,要有一个场所和神交流。如同西方天主教堂的忏悔室,神父代表神听人忏悔。用客观理性的态度看待那些神秘,才能从雾里看花中走出来,用慧眼看清纷扰,接近真相,不误读。

九莲山不大,所呈现的风物却不可小视;西莲寺很小,却有着多元的文化现象和多层次的性格。从观察到的那些会让人迷惑的表面现象里仔细地品味,触碰到的是与现代社会不合拍、常常是鱼龙混杂的传统文化。自清末以来,中国长期从导向上就认同与传统文化决裂,人们热衷于代表未来的现代文明,与传统脱节在城市表现得格外突出。但在九莲山里,无论是看得见的传统文化,还是看不见的文化传统,都在乡民们中依稀地承袭和发展着,其中的积极因素与消极因素混杂在一起。下面从两个方面谈一谈对待这种文化的认识。

首先,我们应该心存温情与敬意地对待这种传统文化。

文化是人类创造的精神生产的结晶,涉及的范围广阔。生产、生活、语言、习惯构成其基础，更促进其诞生。众多的专家和学者们从各个角度进行研究，试图准确地给文化下个定义，但总不尽如人意。简单地说，世界上有多少个民族，就会有多少种文化，而且每一种文化都有其与众不同的特点。即便是同一个国家、同一个民族，如果生活在不同地域，在文化细节上也会有差异。在不同的时代，文化还表现出强烈的时代性；在不同的阶层，文化也有与之相应的形式和内容。

中国是一个有着悠久历史的国家，绵延不断的文化不仅滋养着这方土地上的人们，还使中华民族生生不息。中国艺术研究院中国文化研究所所长刘梦溪这样解释中国传统文化，说它是中国传统社会中华民族的整体生活方式和价值系统，其精神学术层面应该包括知识、信仰、艺术、宗教、哲学、法律、道德等。内涵广博且深远的传统文化，伴随着斗转星移从统治地位跌落，产生现代科技工业文明的西方以及西方文化，一百多年来成为中国人趋之若鹜的效仿对象。在20世纪传统文化遇到危机，对于很多中国人而言传统文化就像熟悉的陌生人，境遇好不尴尬。难怪香港中文大学前校长金耀基先生感叹道："中国传统文化是20年代看不见，80年代不想看。"此话如实又形象地总结出百年来中国传统文化的命运。

人们常常将文化分成先进和落后两个阵营，其实这两者是相对而言的。因为文化是靠一代一代的传承而发展的，一旦丢失，再想恢复则非常艰难，甚至是不可能的。何况文化先进与否与经济和科学技术的先进与否在很大程度上无关,但它们之间的确存在密切的联系,而不是同一个概念。不过,现如今人们往往据此来判断文化的优劣。不能否认在向现代迈进时,中国的速度太慢,文化扮演了"扯后腿"的角色,对自身文化产生怀疑是情理之中的。究竟如何看待传统文化,难道真的是在大浪淘沙的过程中,只留下了落后和愚昧?孔子说:"礼失求诸野。"不妨从九莲山保留下来的这些文化现象中探寻一番。

客观地说,人类文化的根基是底层文化、普通人的文化,即所谓土生土长的俗文化。这些民众在生产、生活过程中形成的一系列物质的、精神的文化现象,其实就是百姓创造、共享、传承的风俗习惯,通常被称为民俗。所谓风是指来自自然原因所形成的习惯,所谓俗是指来自历史和社会所形成的习惯。它不成体系,且具有与生俱来、约定俗成的特点。由于这种文化附着在生活生产上,人们早已习以为常,与今天人们关注的精英文化相比不能同日而语。但必须清楚的是,文化之所以成为文化,并不是因为产生精英,只是因为有了精英才使文化更文明。关注带有草根性质的文化,不能侧视,应该正视,从鱼龙混杂里把到能够让我们生生不息的文化脉搏,在此基础上不仅能保持自身文化的特色,还能强化民族精神,塑造民族品格,对文明的进步会更有利。

今天的文化有一套制度,是人创造或设想的一个文化体系。在接受该制度体系的教化后,可以成为一个现代文明人。而民俗文化则相反，它总会与落后、愚昧画等号。不仅嫌弃它，放任自流，还任其自生自灭，不少人甚至还将其列入被历史淘汰的行列。加之民俗文化过于庞杂，常常是"不识庐山真面目，只缘身在此山中"的形象，就更降低了人们对它的关注度。其实民俗文化是最应该受到关注的。因为民俗有很强的集体性，它是依附人民的生活、习惯、情感与信仰而产生的文化，最能代表百姓的心声。不怕重复、发自内心、公众行为是民俗的特点，像九莲山西莲寺的写帐、唱经、求神拜仙这些行为都是民俗的具体表现。通常人们把对某种超乎人可以直接把握的观念或理想的信奉、持守和追求称为信仰，这是人类社会普遍存在的精神层面的追求，不过出现在民间时总会让人与迷信扯上关系，这种联想有失公允。因为迷信是指蛊惑人的、谬误的信仰，民间的信仰未必都是与此相关。特别是远古时代，原始人对周围世界的认识与现代人不同，德国哲学家费尔巴哈曾经非常形象地以太阳为例，来解释原始的崇拜。他说："假如太阳在天空中，在你的头上永远不动，你就不会崇拜它。只因为它早晨从东方升起给你带来了温暖与光明，晚上给你带来了黑暗，你才知道太阳的珍贵，所以你早上要迎接它，晚上则希望它回来，你离不开它，才崇拜它。"这就是说当把握不了自己的命运时，信仰或崇拜自然就会产生。之所以由于敬畏而产生崇拜，这与古人所处的生存环境、生活环境有直接的联系。这些习俗不断地积淀，成为人类的一种记忆甚至成为人类文化的一种基因。直到人类从精神层面与原始习俗中找到规律，到了开始用有效且合理的方法解决问题的 18 世纪, 才真正以科学的理念重新认识世界, 揭开现代文明的序幕。

古代中国的信仰与西方不同, 具有宁可信万神之能, 绝不信万能之神的特征, 传统文化最关注的是现实和人世。在九莲山的所见所闻, 能够清晰地感受到这些。如坐落在九莲山西莲峡谷中的西莲寺, 有 40 多座大小不同的庙堂和洞窟, 所供奉的主要是民间的俗神, 如始祖神、道教神仙和本地女性神——九莲老母、十二老母以及佛。这些神灵们离乡民们近, 能够及时倾听他们生活中的烦恼。接触到的写帐的香客在讲述自己写帐的经历时都提到身体不好、家境贫寒, 但经神点化后, 一写帐病就见好, 心情也开朗了。掀去神秘的表象, 宗教对社会的作用便清晰地呈现出来。正如马克思所说的宗教是无情世界的感情、宗教是被压迫生灵的叹息、宗教是人民的鸦片。这就是信仰的实质。在逃不过命运的安排时, 宗教可以使人不再痛苦。至于说那些神秘, 只不过是为了表达敬畏的手段, 显示的却是一种人性的庄严。所以在学界, 不少人提出 21 世纪文化发展是在寻找科学与宗教结合的观点。作为民俗文化精神层面的民间信仰, 也是研读传统文化的一个非常好的参考。

文化没有高低贵贱之分, 各阶层的文化都是平等的。观察中, 传统文化的伦理道德、忧患意识、祖先崇拜等观念, 在写帐和经歌里时时能够发现一些踪迹。如焦作武陟赛小伟、新乡辉县顾世平等人的帐书, 还有香客演唱的"拐棍经"等。

　　国学大师陈寅恪曾说:"对古人的学说,如果想要批评、想要评论,必须保持一种了解并同情的态度。"这就是说,应该和立说者站在同一立场,对他之所以立此说,不得不入世的那种苦心孤诣有一种了解并表示同情。的确,不能戴着有色眼镜看待遗存在民间的那些风俗,也不能以非此即彼或非彼即此的极端化的思维方式解读。只有心存敬意地研判,方能接近百姓、读懂百姓。

　　其次,我们要用科学的发展观看待民俗文化的现代价值。

　　正行进在民族复兴和国家重振道路上的中国,随着现代化进程的深入,市场经济的推进,在制度层面和日常生活领域都发生着深层次的变革,表现最突出的是价值观的错综复杂,各种不同阶段和不同形态的价值观齐聚,整个社会的价值观紊乱,引起每一个有责任心的人关注与反思。价值观是人们对客观世界及行为结果的评价和看法,它直接影响和决定一个人的理想、信念、生活目标和追求方向的性质,一旦确立就具有相对的稳定性和持久性。而作为一种社会现象的文化,一方面直接反映着一个国家的历史和现实,另一方面也影响、制约着社会关系和人们的实践活动。价值观与文化之间存在着十分密切的关系,从某种意义上说,文化是孕育价值观的摇篮。正在社会转型时期的中国,当务之急是重视文化的建设和发展。所以,2011年10月召开的中共十七届六中全会,对文化的各个方面进行了系统的梳理,前所未有地提出了许多指导性意见,中央要求各级党委和政府把推动文化发展作为主要的政治责任,以改变文化滞后的现象。

文化的内容非常丰富又很复杂,而且始终处于变化之中。回顾人类发展历史,可以发现文化一直在动态地嬗变着:农耕社会、工业社会、信息社会所创造出来的文化都带有各自的独特性;不同的社会体制和性质,也决定着文化走向;各个时期人类所面临的问题或矛盾不同,在思维方式上不可否认地存在着差异。世界上任何一种事物都具有两面性,如同一枚钱币的正、反两面。在动态之中必然隐藏着静态的一面,否则就不会出现平衡,难以使社会运行在良好的状态里。文化的动与静通过表、中、里三个层次表现:表层是能够使人感知的文化,如文学、艺术、服饰等,变化快速。中层是制度文化,即风俗、礼仪、制度、法律等,变化较慢。里层是哲学文化,涉及道德、伦理、价值观等,处于核心地位,变化缓慢。三个层次由表至里、由里至表地相互影响、相互作用,既表现出线性发展的特点,又表现出吐故纳新的特征,发展、创新与延续、保守并行,成就出文化的多姿多彩。这是文化的延续性和惰性所决定的。比如九莲山传情达意的写帐,香客们充满想象力的表达方式,使受过专业训练的人望尘莫及,而内容与观念却与时代不同步。

中国文化是世界上唯一未曾中断的古老文明,其历史积淀非常厚重。客观地说,传统文化是我们的财富也是我们的负担,它一方面为我们提供资源,另一方面也阻碍发展。混杂着文明和野蛮的民俗文化,在这一方面的表现最具代表性。特别是在这百年来,中国的社会与文化不断发生巨变,传统文化出现断层,民俗文化备受冷落。现在从小就被外来文化洗脑,长期被误读的传统文化在许多人心中的地位微不足道,位于最底层的民俗文化,更是越来越远离人们的视线,以至于提到民俗,能够联想到的不过是看花灯、吃元宵、吃粽子、跑旱船、踩高跷、放鞭炮等娱乐形式。对于闪耀在民间的创造力,因为与它生存的环境隔离,也就无从知道它的存在。抛开九莲山写帐的内容,只从其形式和表现力看,没有受过专业训练的香客们的创造力丝毫不逊于受人尊敬的艺术大师,这或许和人类与生俱来的审美天性有关。对只有小学文化程度的顾世平所写的帐印象最深,强烈的视觉冲击力,让人震撼。仅见到他以线为造型元素写的"风调雨顺"和类似篆刻印章的巨型帐,每幅都构思巧妙,艺术表现力奇强,且具有画法无定式、风格多变的特点。如果按南齐谢赫六法中提出的绘画创作和品评的准则来审视,在他的帐画中"气韵生动"、"骨法用笔"、"经营位置"都能感受到,而且是用重新解构的新手法创造的。传统与现代绝不是势不两立的关系,当下人们常常感叹国人缺乏创新能力,将原因归罪于传统文化的束缚,不妨从民俗——写帐中去感悟、继承与创新,品味中国文化的特色。

中国的民俗文化丰富且多样,在人类发展史上所起到的作用伟大而神秘。无人组织、自发自愿的香客来到九莲山西莲寺。由于道教的法术讲求实用,在民间广受百姓的膜拜。这里供奉着不少与道教相关的神仙,却看不到道士一类的神职人员;供佛,没有和尚,但香火旺盛,香客不断。最令人诧异的是,听申法海先生说,西莲寺还供奉有孙悟空。这是不是与孙悟空代表了古代中国人善良、正义、不阿的情怀和追求有关呢?这些现象分明也折射出现实的问题,精神追求不光是精英的专利,普通百姓也同样需要。写帐人讲述写帐时,异口同声地说不是随便写的,各自有各自的理由,但都是被一种精神力量驱使,从内心流出,是有所为而做的。借神仙之力来言心中事的想法有违于科学,但打开了难解的心结,解决了百姓们的一些实际问题,也没有给社会带来负面影响。这是文化程度普遍偏低、家境贫寒的写帐人,以感性的能力获得自我的一种幸福感。如果他们能更多地了解现代科学知识,经济上足够富裕,可能会用其他方式表达、释放吧。重视和谐、崇尚和谐是中国传统哲学的重要观念,也是中华传统文化的基本精神。不要漠视传统文化中那些与现在对应的环节,因为文化有强大的生命力和延续性,全面了解传统文化,读懂民俗文化,才能知道什么应当摒弃,什么应该继承,达到吸取精华去其糟粕、使国家优质发展的目的,胡锦涛在十七大报告中提出的弘扬中华文化、建设中国民族精神共有家园的目标才可能真正实现。

俗话说:"十里不同风,百里不同俗。"丰富的民俗文化给我们留下众多有形和无形的资产。从民俗文化里能够看到历史、哲学、艺术等方方面面,特别是艺术往往在民俗文化中充当着脸面,是最外化的、最容易打动人的。至今难忘重阳节晚上,沐浴在月光中听到的经歌《我与老娘对花》。乡民（主要为女性）与本地女性神对歌猜花名，伴着轻松优美的曲调，十二个月带着乡土气息的花名在一问一答中揭开了谜底。领唱和合唱结合，生动有趣，神与人同乐，很是感人，遗憾的是判断不出这首经歌的曲调属于民歌还是戏曲。在唱经会上，听出来有坠子、梆子、曲剧等，但猜花名听起来不像戏，应该是民间小调一类。更令人刮目相看的是不少演唱者即兴编词，来针砭现实，如婆媳关系、老人赡养等现实。尽管代表着当今主流文化的是经过专业训练的精英文化，但没有经过专业训练的大众文化却让我们从另一个侧面真切地感受到现实生活的真、善、美。所以，十七届六中全会特别指出发挥人民群众文化创造的积极性，在全社会营造文化发展的良好氛围，让蕴藏在人民群众中的文化创造活力真正得到充分的发挥。据说仅中国地方小戏就有250多种，民俗文化绝不只限于戏曲，打开这个包罗万象的宝库，其丰富性更是不言自明。如果将这些资源充分地挖掘，用科学的态度，使它们与当代社会相适应、相协调，以文化多样性的视角保持其特色，定会在民族性和时代性上实现双赢。

　　文化的年代差异是客观存在的事实。如传统文化往往是由老传少的自上而下的传递，现代文化却常常是由少带老的自下而上的扩散。但无论是什么方式，都不能极端地对待传统与现代。将两种文化兼容并蓄，互补共进，不仅对文明的进步有利，还能使中国的现代化拥有自己的特征。更关键的是，民俗文化不仅不会影响今天人们对现代知识的学习吸收,它还能在当下中国人的人格历练上打上底色。只有知道我从哪里来以后,才能弄清要到哪里去。

总之,用科学的发展观看待民俗文化的现代价值,在于能够提供可以开发和挖掘的传统文化资源,也在于能够提升文化的认同感,还在于对民族的认同感,更在于拥有属于自己的话语权。

此外,还想提到的是九莲山景区的开发,这里有山有水也有人,还有别处没有的资源——奇特的民俗,可利用的资源丰富而且距离城市不远,值得人们关注,也有进行经济开发的价值。如果利用好这里的人文资源和自然资源,让天时、地利、人和三方面相互助力,一定会有好的收效。但前提是不能只考虑经济效益而不择手段,应当让文化推动经济,而不是使原有的文化在经济利益的驱使下变味,那对九莲山西莲寺来说将是一场浩劫和噩梦。作为旁观者,希望进一步深入地调查与研究,能够科学、客观、正确地解读,使民众了解,进而产生珍视,通过政府职能部门因势利导的推进,借助媒体负责任的宣传以及开发商家合理的推动,真正看到传统文化和民俗得到有效的保护与弘扬,经济增长带动当地百姓生活与文化提升的双赢结果。

参考文献：

[1]左汉中.中国民间美术造型[M].长沙:湖南美术出版社,2006:108.

[2]陈建勤,尹笑非.点击中国吉祥艺术[M].上海:人民美术出版社,2006.

[3]乔晓光.中国民间美术[M].长沙:湖南美术出版社,2011.

[4]孙健君.中国民间美术教程[M].天津:天津人民出版社,2005.

[5]陈原川.汉字设计[M].北京:中国建筑工业出版社,2005.

[6]李丛芹.汉字与中国设计[M].北京:荣宝斋出版社,2007.

[7]吕胜中.意匠文字[M].北京:中国青年出版社,2000.

[8]唐尧.形而上下:关于现代与后现代雕塑的哲学与诗性陈述[M].北京:华夏出版社,2008.

[9]杭间.清华艺术讲堂[M].北京:中央编译出版社,2007.

[10]汪流.艺术特征论[M].北京:文化艺术出版社,1984.

[11]贡布里奇.秩序感[M].浙江:浙江摄影出版社,1987.

[12]约翰内斯·伊顿.色彩艺术[M].北京:世界图书出版公司,1999:54.

附　录

附录1　中心召开关于九莲山帐盘艺术的研讨会

2010 年 11 月 18 日下午，在郑州轻工业学院西五楼三楼艺术设计学院会议室，中心举行了九莲山民间美术座谈会。参会人员有郑州轻工业学院副院长、中心主任陈江风教授，艺术设计学院院长、

附图 1 中心举办九莲山民间美术座谈会

中心副主任曹阳教授,艺术设计学院党总支书记张玉峰,艺术设计学院副院长任留柱教授,艺术设计学院党总支副书记邵元珠,外语系党总支副书记、中韩文化研究所副所长杜宏亮先生,郑州轻工职业学院艺术设计系主任曹永智副教授,中心学者王恪松教授、赵菲副教授、魏华副教授、杨远副教授、刘莉莉老师,以及徐明霞、顾艳玲等部分研究生。

　　陈江风主任首先从中心的发展出发,对中心的建设和研究方向提出了指导性意见,并指出要把九莲山民间美术作为基点,认真做好,逐步扩大研究范围和对象,对本次会议的意义给予了充分的肯定。中心学者杨远结合近期考察和参加的学术研讨会,就目前九莲山写帐现象,向与会的学者做了简要阐述和图片展示介绍。随后,与会的学者从九莲山写帐的性质、民间文字、符号学等不同角度进行了热烈的探讨,发表了不同的看法。最后曹阳教授简要分析了九莲山民间美术对当代设计艺术带来的启示,提出要进一步加强对九莲山民间美术的实地考察,并为下一步工作提出了要求。现将部分学者的发言摘录如下:

　　陈江风:"九莲山"这个课题是一个非常切合我们基地研究主旨的课题,中心申报并获批中国民间文艺家协会的研究基地以后,一直没有真正确定下来我们研究的重心。后来在省文化厅建立十二个文化研究基地的时候,我们又申报了河南省非物质文化遗产研究基地,作为省级的科研基地批了下来,并参加了省文化厅组织的全省非物质文化遗产会议。在会议上,明确了我们的研究中心和研究重点——河南省民间美术遗产研究。由于研究民间美术这个重点的确立,我们前期从2009年的六月六、九月九及以后所参加的一系列活动,和我们现在非物质文化遗产基地的主旨就结合了起来。

我所知道的有些院校,比如说河大、郑大、河师大等有关于戏曲的研究,南阳师范学院则是关于宛梆、地方小戏等民间音乐的研究,这些都属于很典型的非物质文化遗产。那么我们这一块,我跟曹阳同志也有过交谈,我觉得他的思路很清楚,想得很明白,我们就是做民间美术。当时省文化厅还想让我们担负更多的任务,但是从研究这个角度来讲,曹院长当时确定了这样一个圈子,我觉得挺好。

这个领域被确立以后,应该说我们做哪些工作,我们在哪一个层面上做工作就比较明确了。是在高等学校校园里面做工作,还是真正地深入到民间去做工作?刚才我讲的这些音乐,不管是研究豫剧的也好,研究宛梆的也好,甚至研究各地方小戏和各种民间的本土戏曲和音乐也好,它都是深深地扎根在我们的民间土壤中的。而非物质文化遗产这块的研究,作为民间美术,我们研究的对象要找准。这期间,我们接触了朱仙镇木版年画、浚县泥咕咕、淮阳泥泥狗以及九莲山的帐书等,并参加了这方面的研究工作。但现在我们需要找到一个突破点,做纵深研究,形成研究成果,那么,我觉得九莲山的民间美术就是一个很好的突破点。九莲山的民间美术是山区的、民间信仰的一种伴随物、承载物，这种民间写帐是一种美术形式，是一个非常丰富的活动。作为我们非物质文化遗产的保护和研究对象，一下子就把我们的关注点转移到了中国的最基层——民间，活生生的、一直到现在都还做着的，它里边有很多值得研究的领域。

首先从组织机构上要有个建设，我们轻院这个非物质文化遗产中心下面再设立一个九莲山的分中心，这样我们这个研究机构就扎根到山区了。下一步，从组织机构上来讲，我们可以在外面挂一个牌，在那里聘一部分人，把这些民间的艺术家和管理这些东西的人们纳入到非物质文化遗产研究里边来，就建立起了我们和他们的关系，我们就可以长时间地有这样一种来往，这是在组织形式上我想要有这么一个工作。我们这样的一个研究不应该停留在我们的课堂上、我们的学院里，我们应该从开始的时候就确定指导思想，一定要深入到民间当中去。然后在组织建设上，等这两个层面做好以后，我认为可以搞一个聘任会，就是要有一个正式的仪式。这个仪式非常重要，无论是在民间还是在社会都非常重要。比如在过去，现在这个社会不讲文化、不讲仪式，所以说仪式被忽略了。即使如此，仪式也是非常重要的。过去我就有一个体会，你看前两年的时候，就算领了结婚证，两个人也不敢在一起生活。本来你们领过结婚证以后就合法了，社会法律都承认你们，你们可以在一起生活了。但那个时候的人，就像我们这一代人，大部分都是这样，如果你们领了结婚证以后没有举行仪式，没有请客，没有向大家公告，就没有人敢公开地在一块儿卿卿我我，甚至在一起生活。这个例子就反映了仪式的重要性。在过去的传统文化当中这个仪式非常重要，没有这个仪式你就不正式、不合法。所以我觉得作为一个机构，要把它搞得很规范，首先要策划一个仪式。第一步先把两个层面做起来，一个就是做我们这个层面，把人确定好，回头请杨博士您给考虑考虑。然后，下边把这个仪式搞一下，把两家合在一起搞一个聘任，发个聘书，搞个仪式，这样我们就正式开始。用这种方式，增加其规范性，增进我们的关系，使我们跟九莲山在形式上能够融合在一起。我们不是单一的，我们有一个很规范的组织机构，有一个很规范的程序，我们的立足点不是单单地停留在我们的学院里，而是扎根在我们的民间。

接下来就可以利用我们以前的成果，比如说去年六月六去的时候，我们考察了当地的风土人情，却没有留下成形的东西。但是九月九去的时候我们就留下了一些东西，如在九月九的时候我在那个会上的发言，他们把会议的发言给发出来了。后来在郑东新区的艺术中心，我和高有鹏教授一起主持的座谈会，当时有一个材料，这个材料也给我们留下了文字的东西。因此，我觉得我们的研究一定要从这两次活动当中总结我们的经验，就是每一次下来我们要留东西。雁过留声，人过留名。我们这个东西留下来以后，大家伙儿集中在一起，一次一次地，包括我们这一次的研讨，把它提取一下，都是我们研究的成果。至少，它记录了我们研究的足迹。这些学术规范，像刚开始我们怎样开这个座谈会,这些东西我们都要在学习当中学会学习,在学习当中学会研究,很有意义。在这样一个基础上,到九莲山去挂牌的时候,去进行深入研究的时候,我们把这些材料都保留下来。上一次杨远博士带着几个研究生去,走之前我特别交代他们,到那儿一定拍一些照片,做一些记录,搞一些录音,结果他们就收集了不少资料。我们的这个课题围绕着九莲山,我先说一些外围的东西,一会儿内围的东西让杨远老师来讲。比如,接下来要申报课题,要出成果,这些东西怎么做,前面我们在一起探讨过这个问题。九莲山的帐书,它首先反映的是民间信仰问题。目前,信仰问题还是个比较敏感的话题,但是有个好的切入点,我们就可能避开风险,单纯研究民间的一种信仰,这里面有些东西可能会跟我们的意识形态稍稍有那么一点出入,要把它定位在一个角度来讲——民间美术的角度上。从民间美术的角度来研究它,而附带地涉及一些信仰,可以作为道教研究,作为民间信仰研究,为我们的民间美术研究服务。我们定位这个研究目标,这样一个点就切入得很好了。

我们现在不要过多地在它的宗教内容上做文章,而是要从它的艺术角度做文章,从这个角度去选题,去立课题,去定位我们的研究方向。更多地从文化的角度来审视它,从审美的角度来研究它,从艺术的发展、艺术的价值、审美的价值等这样一些方面来研究,我想这是一个研究角度的问题。在课题的申报上,假如我们紧紧地抓住非物质文化遗产这样一个中心词,抓住民间美术这样一个中心词,抓住一种比较的研究去报课题,我们就会成功。

前不久我到王屋山去,在济源王屋山区我也发现了当地的写帐,当地的写帐跟九莲山的这个写帐是不一样的,我就想,假如我们从民间美术比较的角度,把济源王屋山的写帐和九莲山西莲寺的写帐进行不同地域的比较,申报一个省级课题,我觉得成功的可能性还是比较大的。现在我们这样一个中心成立了,我们要有目标,要有课题,要有队伍,要不断地做深入的研究,把这样一个东西作为系统来考虑,不是头痛医头、脚疼医脚。有了课题,我们慢慢地还可以搞成果,眼下这个课题是我们近期成立非物质文化遗产研究中心以后,要显现我们这样一支队伍的存在而设立的。我们要先用一块砖做一个奠基石,这个奠基石我跟曹院长也说了,就设在九莲山帐书这样一个艺术课题上。九莲山帐书既有图画的又有图录的,既有纸的又有布的,还有各种各样的摆塑的,形式非常多,从美术这个角度把它拍成照片截取出来,根据不同的图面进行分类整理,结合不同的场合对它进行研究,就可以整理出我们的第一个初期的学术成果,随着我们研究的深入,就可以成为著作。这个学术专著就是九莲山民间美术研究,再进一步就是九莲山和王屋山写帐的比较,这样范围就扩大了,类似这样的研究出来以后它就逐渐变成学术成果,我们就会有更多的课题,形成一系列的成果,有了这一系列的成果和课题的支撑,我们这个非物质文化遗产中心就变成了一个名副其实的研究中心。以上就研究的队伍建设、课题的遴选、著作的产生、组织机构的建设、研究的侧重点等,作一个简单的阐述,这是一个方面。

第二个方面,我可以简单地说一说,关于九莲山的帐书,以前大家没有关注到这个东西,其实这种现象早就有了,只是我们一开始不知道,觉得很新奇,怎么有这样一个东西,这是个什么东西,其实这个东西的历史是很久远的。写帐这个东西,它就是道教里边道士们通过图画这样的一种方式来表达自己的一些意愿,对道教信仰中的偶像,比如这个大仙、那个娘娘,也就是对上天的一种灵魂的对话、精神的倾诉。它把这个图画出来了,是民间信仰特点十分突出的一种民间信仰现象,也是民间美术现象,它总是以图画的方式表现,然后把它烧掉,送到天上去。这种形式,本来是中国传统道教的天和人交流的一种方式,这种形式有很高的文化价值,也有很高的美术价值,或者说艺术价值,我们现在把它作为一种现象来研究,至于它本身能不能列入到非物质文化遗产名录,暂且不提,但作为民间美术资源要研究,即使不被列入名录,它也是一种非物质文化遗产的现象,这样一种现象,它本身是值得研究的。这个东西,写在纸上,写在布上,写在绢帛上,甚至摆在桌面上,摆成各种各样的图,非常漂亮。这些老百姓大多数都没有受过专业的美术教育,但是因为他们热爱,他们虔诚地对待上天的那样一种心,不断地进行艺术实践,人多了,才子自然多,不一定非得学过美术,创作这个东西还是非常生动的,而且内容非常广泛。有图画的,有道符,有把文字变形,就像过去道家的那种云篆、鸟篆、图箓、画符那种东西,这些本身就是中国道教的一种传统的表达方式,这种方式一直在民间保留着。如果从道教产生来讲都已经两千多年了。实际上类似这样的现象还要早于中国道教的产生,它是民间信仰的一个伴生物。我觉得这个东西它本身是很清楚的,并不是现在这个十年八年才突然从天上掉下来的,它一直生活在我们的民间,而且很多地方都有类似的表现途径,就是因为它的表现不同,才给我们提供了研究的空间。所以我觉得,诸如此类的吧,就我们这个中心来讲,西莲寺的帐、朱仙镇的年画、鹤壁的灯笼画等,都属于非物质文化遗产研究的内容,并且还可以做横向比较研究,如灯笼画和朱仙镇木版年画可以做比较研究,这个木版年画的表现形式是灯笼画,所以说像这种相类似的各种各样的民间美术,甚至包括今后如果有人确实喜欢包括研究剪纸什么的,都可以在这个范围内,我感觉我们研究的天地还是很宽阔的。

现在,我们先集中在这个领域里面来做研究,等成果出来了,奠定了我们这个中心的基础以后,大家可以把这个面拓展开来。总而言之,我们今天借这个九莲山民间美术座谈会,研究我们中心怎样去建设、九莲山怎样去发展的问题,这个中心的重点放在什么地方,都应该有一个想法。今天非常高兴的是,我们这个队伍里除了艺术设计学院的教授、专家以外,还有我们兄弟系的杜宏亮书记,作文学研究的,我们兄弟学校的曹永智主任和他们的研究人员都加入进来了,这个非常好,回头我们做开以后,曹主任那里他可以贡献他们那里的研究成果，杜书记这边的人可以贡献他们这边的研究成果，我们艺术学院的同志们大家一起共同把这样一个有价值的题目——民间美术，真正地开掘出有价值的成果来。我想我先说这么多吧。

曹　阳：我觉得，今天这个座谈会，目的很清楚，以九莲山民间美术研究为突破口加快、加强我们的研究成果，这个研究思路非常清晰，而且是一系列的成果，我觉得这个很好，下面我谈两点看法。

首先关于民间艺术的研究方法，一定要深入田间地头，开展田野调查。我认为民间的东西是在特定空间、特定时间、特定的主题来从事的一个活动，你不深入到现场，深入到群众中去，这个研究肯定是不透彻的。我们今天的这些探讨，就是为了更好地深入到群众中，我们可以理解成我就要盯着这个地方，那么在具体的研究实施的过程中，我要盯着某一个人，在一个时间段内，我要看他的这种创作过程有什么变化，没有这样一个时间你是研究不透的，包括与对方的交流和沟通也不是简单的采访，应该是深谈的，即每一次我都要跟你谈，一直到把你的所有想法搞懂。当然这有个技巧问题，这是后话了，有些是比较忌讳的，是不能够直接给人讲出来的，但是我们作为一个研究人员，仍然可以从这些深入交谈中得到很多信息，可供以后分析。这是一个原始资料积累的过程，掌握了大量的资料，我们往下研究就有了基础。当然座谈的时候，我们就随便谈，现在是互相激发，在真正的研究过程中是不能随便下结论的。

　　现在的学术研究应该在一个真实场景中展开，即使没有那个真实场景，我们还要进行情景模拟，当你有条件的时候更应该在真实场景中展开。如现在的设计研究都讲究这个，不是进行简单的数据分析建立什么数理模型，而是要在真实的场景中。比如你问一个问题，一个实用的问题，一个生活中的难题，那你不在出现这个难题的真实场景中展开那是不真实的，那么，这样产生的东西跟实际情况是抽离开来的，这个设计就是打折扣的、不可用的。所以，既然确定了这个研究课题，我们就要反复地去真实场景中，能在这个地方建一个点就更好了，像一个外景地一样，证明我们有扎根的地方。九莲山西莲寺的帐书，从民间美术角度来看，那里面的图案的美学价值还是比较高的。当我后来看到有一些受过社会教育的人做这个，别的信息掺进去了以后，把它原汁原味的东西破坏了，好像就不纯粹了。如果我们想真正地弄懂它，我觉得还有一个方法，就是和写帐人一起写帐。但我们的研究人员不是说要模拟他，不是说要成为这样一个写帐人，而是要体验他那种创作是一个什么样的过程。这也是一种研究方法，不然你无从体验，大家的心态、感受都是不一样的。这个是结合刚才陈院长整体概括性的介绍和杨远老师的具体介绍、考察情况，我有这样的一点感受，跟大家谈一谈，这是第一个方面。

　　第二个方面，研究九莲山帐书文化，我认为从民间美术的角度切入，是比较可行的。不仅符合我们的研究范畴，而且对这个研究对象本身也是有利的，为什么?其他人也有从文化的角度切入的，我觉得他们有点难，怎么难？这些研究者蜂拥而至，你这样问、他那样问，刨根问底，问的人家最后都没法回答，最后有可能把写帐人都驱散了。实际上，他们有很多问题是没法回答的，要保留这份神秘。帐书本身有意思的、有趣的就是这份神秘感。比如说一个写帐的、一个开帐的，他们俩人彼此心照不宣，达成一种默契。写帐人本身也可能没有一种很明确的意思，就是想对对话。文化研究到哪个地方适可而止，是不好把握的。我觉得我们民间美术不存在这个问题，我们可以不把重点放在信仰问题上。信仰，无非是一个源头，就像艺术的起源。艺术是从哪儿来的？其中一个来源是巫术说。音乐，要舞蹈，人本来会跳舞，是不是？那个时候的舞蹈就是现代舞蹈的原形，这不用论证。但是在进行美术题材分析的时候，我们要做一定程度的研究，到底和道教、佛教、地方性的宗教有什么样的关联？我们单单从民间美术这个角度去研究，我觉得很好。美术研究什么，它的美学价值，首先它得有美学价值。除了后来说的那个受过教育的，很多人是没受过教育也没受过美术训练。对美没有过理性认识的人，他会做出这样一种形式的帐书或者绘画，那他这个美学标准是什么，他的美学价值观是哪儿来的，这个就值得研究。我们研究他的目的不是去改变他，而是去认识他。一种现象出现，为什么会是这样，对我们会有什么启发。这个是很有意思的事，就像儿童画画一样，儿童本来画得很好，幼儿园老师一教就不行了，儿童画不出自己的画来了，为什么呢？这是因为儿童没受过专业训练，人的天性里面保存着对美的敏感。九莲山的帐书也不是一般人能做出来的，受过训练的人有条条框框的约束反而做不出来了，他们是怎么做出来的？他们的审美价值、审美取向如何？他们对美学一些规则范围的认识可能是后天形成的，可能是从周围人那里得来的，但也有可能就是他们凭空想象的，不是在美之外的事物里面得到的一些东西，把它转换成美的形式了，这个是值得研究的。我觉得这个如果能更深入一点，那么这个研究是有价值的。从民间美术这个角度来看，写帐技艺是怎样产生的，他们没有稳定的传承人，他们的记忆是怎样来传递的。这些写帐人来自不同的地方，都能画，他们从哪儿学来的这个技艺，这都值得研究。他有疑问、有问题，反而是值得我们研究的。

邵元珠：我从另一个角度谈谈这个问题，就是从民间文字切入旁射民间美术，这是我的一个基本的想法。为什么这样说呢，因为以下几个理由：

第一，这个名称叫写帐、帐书、天书，肯定与语言文字有关。另外，我们看到的好多图形是由文字变化而成的，还有一些是绘画作品含大量的文字。因此，我在考虑帐书在最初的时候到底是个什么样子，当时是不是以文字为主，或者说怕人们发现他的秘密，逐渐地加入了一些美术的东西。

第二，民间文字在一个地区大量地出现，是不多见的，这是我最感兴趣的一个地方，我觉得很有研究价值。有些文字呈现出鸟虫篆、花鸟字的特点,有外文、数字等不同字体特征,这个很难得。另外,这些帐书具有民间文字的典型特征和表现方法,感觉很神秘,实际不神秘,它是有方法的,就是说每个文字都有它的出处。如风调雨顺帐,是把文字隐含到图画里面了,这个在民间文字中,按照吕胜中先生的总结,就叫"藏字隐句"。另外还有些像咒语一样的帐书,吕胜中先生叫它"咒符再造",它把驱邪、纳福的一些咒语文字,道教的一些神符放进去,并进行了再创造。因此,写帐人说是他凭空想的,还是回应刚才那句话,肯定不是全靠自己想的,因为民间的东西是能传下来的。

第三,我考虑到帐书具有现代文字的构成方法和设计方法,其中有一个文字作品和中央美院的副院长徐冰先生的作品有异曲同工的地方,有点让人刮目相看。

以上是我从文字的角度谈的一些看法,尽管不成熟,但我愿继续深入研究下去。

魏　华:对九莲山写帐,有民俗专家认为是民俗的传承,帐书是有文化价值和艺术价值的,但也有人认为它是一种迷信活动,帐书不过是涂鸦画符而已。我认为,写帐作为道教宗教仪式传承下来的一种形式,其行为本身和帐书既具有道教"符"的象征意义,也具有民间美术的精神内核,其艺术价值是不容忽视的。九莲山的帐书是普通人特殊的艺术作品。

普通的老百姓,内心总有些想法与渴望,他们虽然没有经过专业的训练,但并不影响他们表达自己内心的渴望。尤其是信众,由于对宗教的信仰与崇拜,更是希冀通过这种神奇的力量,把自己内心的想法外化。写帐流行于中原地区,"写帐在中原,交帐在西莲"。写帐主要是采用书写和绘画两种方式,也有刺绣、剪贴、拼贴的。写帐时不打底稿、不勾线。据写帐人讲,完全是按神的意思写出来的。帐从意义和内容上分,分为天帐(天盘)、地帐(地盘)、人帐(人盘)三大类;从形式上分,可分为文字帐、图画帐、图文帐三种形式,借用了中国传统的艺术形式——书法和绘画。

(1)文字帐类似符箓。字体有五种:一种是抽象符号,一种是数字,一种是变形篆体字,一种是空心字,一种是象形字。一般都是以书法的形式呈现,也有做成印章形式的。颜色简单,或黑,或红,基本都是单色。构图都很严谨,有条幅形式的,有中堂形式的,甚至有扇面和其他异形,但都逃不出传统书法的痕迹。仔细看来,很多字都找不到对应的汉字,是作者自创的,这种创造力显露出作者极强的创作欲望和表现欲望。所谓的"天书",暂且不管是否真的是和上天对话的产物,但严谨的构图,一丝不苟撰写出的方方正正的字体,看起来都朴质、可爱。文字帐表现的不仅仅是文字的美、书法的美,更表现了劳动人民对知识的渴望。书写帐书的群体以女性为主,由于帐书流传已久,由于中国古代封建社会中女性群体社会地位低下,导致她们没有多少文化,文字帐作为她们思想的一种物化形式,从某种意义上反映了她们对文化人的崇拜、对知识的向往,她们似乎觉得可以通过这种形式,暗示自己也可以和有知识的男性一样通过书法的形式和隐喻意义与神交流。比如说,有的文字帐的形式看起来像奏章,似乎是要通过文字或者类似于文字的形式把自己的想法和愿望告知掌握生死大权的神祇,为自己和家人祈福。

(2)图画帐大致可分为图案和绘画两种,多是彩色的。图符类,这类帐书可能和道教的画符最为类似,但帐书的图符类除了运用道教符号或者星象图作为主要构成内容外,还有很多类似于涂鸦的图案,但这种涂鸦是有表现主题的涂鸦,并不是无意识的。几何图案的装饰性很强,像是表现某种事象的符号。

图画帐有线描,有赋彩,形式比较多样,以彩色为多。从美术角度看,绘画颇似农民画和儿童画。从画面来看,写帐人对艺术并不是一无所知的,很多图画帐表现出创作者对艺术表现形式的掌握以及对艺术的独特理解。普通民众对于艺术,好比下里巴人对阳春白雪,常常是敬而远之,只能远远地喜欢,却没有勇气去尝试。而写帐,使普通人也可以任意采用艺术形式表现自己的内心世界,这是老百姓的艺术。从现在能找到的资料可以看出,图画帐多朴拙自然,好像农民画和民间剪纸一样,从心而发,随手而来,轻松而不失意趣。

(3)图画和文字相结合的帐,文字多为图画的说明。我认为,这种形式在有意识无意识地模拟中国文人画的诗书画印,较之单纯的文字帐和图画帐更具文人气息。传统的中国画讲究诗书画印的结合,用诗文书法来提升画面的意境和格调,画和书法的结合表现了创作者的文人地位和文学修养。帐书的图画朴实自然、文字粗简率真,它们结合在一起,虽然在内涵上和文人画相距甚远,但在形式感上已经颇具文人画的神韵了。

神秘的帐书,需要我们更多的观察和研究才能得出更真实的结论。

陈江风:九莲山帐书文化是古老习俗的一种积淀,今天却变形了。说是当代艺术,其实是很古老的事。这种文化现象的历史,在两千年或者两千二百年前道教成立开始就有了。这里面有很多非常古老的东西,它是最传统的。现在有很多现代文化元素的加入,群众谁想烧谁烧,非常自由。但是,万变不离其宗,文化的积淀有其明显的线索。比如很多帐书中出现的玉璧,这是古代天国信仰中的组成元素之一。玉璧是镶嵌在天门上的,实际上最后简化成了玉璧的单独形象,这和中国汉画像里面大量存在的玉璧一样,它是什么呢?它是天门,是天国。有这个东西存在的,出现这个玉璧就代表天国的存在,这是一种文化符号,是一种象征,是一种很集约的中国文化的语汇。这个符号性的图案,我原来看过很多,绘画的人都不知道他画的是啥,但是两千年或者三千年以来它一直都是这样的。画着画着,看别人那样画他也那样画,就这样一代代地积淀到自己的美术语言当中,即使画的人不知道,他还是画这个东西,这就是我们文化的传承。像这种阴阳符号——"卍"字符号，他就在画中使用这个东西，或者将"卍"字符号变形使用，一直都没有断过，一直都在我们的文化中出现。再如中国的龙、凤这种图腾，也一直都在传承，要注意研究这些形象，它们都是非物质文化遗产，而且属于民间美术的范围。

研究九莲山的信众群体也是课题的内容之一，追踪研究后你会发现，参与的人不同，但有一部分人始终是积极分子、中流砥柱，几乎每次都去。我曾经考察过他们的宗教活动，我发现这里有一批很热衷的积极分子，各种类型都有，它是聚会式的，就是斋公们用一种愉悦的方式，一起唱，一起跳。其中有一个人，他原来是一个建筑工地的工头，他带有一个工程队，后来上了九莲山以后，一直是这里面的积极分子，但也不能老在这儿啊，有的时候他就不来了。这个人自从不来了以后，摔了一下，把腿摔坏了，又在工地上被砸了一下，把头砸坏了。头砸坏了后，他就天天来了。不来就坏，来了就好了。这是一个例子。还有个女信众，在家老有病，一参加到这里面以后，心情就愉悦了，病也就好了。这就是典型的利用宗教的说法、宗教的思维方式稳定信众的个例。过去的时候，可能相对的稳定，这个地方十里八村的，那个影响面有限，现在好几个省的都来，所以说出现一些量的不稳定。因而，掺进很多旁门左道的东西。但是它有一个主流的核心群体，而且用他们那套语言、那套办法在稳定。这就是某某某原来在这儿如何如何一类的故事，也就是想方设法地用他们可以听得懂的语言、用他们这种生活方式维系自己的活动。对于这种生活方式，我认为也没什么不好,大家一起唱红歌,全是唱的符合共产主义要求的,首先是祝国家和谐安详,然后是赞颂毛主席的歌,其中就有一个专门唱红歌的,专门唱毛泽东,她带领一帮人天天在那儿唱。通过唱歌,她的身体非常好,通过大家在一起交流,她没有那种孤独感。根据申法海主席介绍,她是一个孤独的、不幸的妇女,回到家以后老公虐待她,为寻求解脱,她就来这儿唱红歌,一回到这个群体里,她就感到很温暖。这时候我觉得这种现象你很难说它是一个简单的封建迷信所能解决的问题,它的存在就有其存在的价值。所以我觉得对老百姓,你不能希望他去做共产主义的战士,只要有善良的思想就是对社会的贡献。而现在那么多受过高等教育的人,贪污腐化一弄几个亿地坑害老百姓,都是上流社会的人。这个地方老百姓的生活我觉得也是一种和谐的生活模式,通过考察,我发现没有哪个与社会主义相违背,都是给社会主义唱赞歌的。又给社会主义唱赞歌,又能解决他的心灵疾患,有什么不可以?所以我觉得,对于有些东西我们应该换个角度去思考。我一直在考虑它是不是遗产,如果按我们现在非物质文化遗产的概念来讲,它不是。但是,你说不是遗产,它又是前人一代代传下来的,它只不过不是现在我们划定的这样的遗产。作为对这种遗产的研究,我觉得,他们的图画比那些专业的人画出来的看着还舒服,就那几种颜色画在一起,感觉真漂亮。

九莲山帐书文化被介绍出去,这是因为申法海,是他介绍的。如果没有申法海这个人,就做不起来。多少年啦,就说那个地方建寺,有人说唐代就有,也有人说汉代就有。后来我就专门去考察,在那儿找痕迹,找来找去就找到康熙。其实康熙几百年了,只是留下碑罢了。我们又很难说在康熙以前没有这个东西,但是至少证明康熙时期已经有了这样的文化。而且,周围的老百姓就类似这样地生活,因为中国人两千年来一直都是这样生活的,只是方式不同罢了。现在的这些斋公和太昊陵的斋公没有太大的区别。我在太昊陵看到那唱诗唱女娲的,他能唱上几个小时,把它记下来之后就是民间诗歌。哪儿来的?"老天爷教我的,我根本就没有上过学。"她就在那儿唱,唱的句句都押韵。但是你换个场景之后,她自己都唱不出来了,可是我们一个同事在那儿给她录音,她能连续唱好几个小时。后来,我们的老师张振犁先生、北京师范大学的杨丽慧博士、河南大学的吴效群教授,我们一块儿去考察,杨丽慧带有录音笔,就跟着她录,她一直唱。还有个老太太甚至唱到当场昏厥的地步,就是那种迷狂啊,六七十岁啦,就在那儿跳啊,边跳边唱,最后栽倒了,她高兴,她痴狂。还有好多妇女都是那样,跑到那个地方就在那啊啊啊……一说出来,一哭一笑,好了。所以,我觉得这些东西很多都是相似的。交帐的环境,就像一种"场",到了这样的"场",就有这样一种发挥,并通过这种发挥达到一种效果。太昊陵有一种守宫仪式,就是有人整夜整夜地守着伏羲过日子,最多的在那儿住一个月。九莲山里面也有这种情况,就是在创造一种"场",在那个"场"里解决他的心理疾患,解决他的问题,这些很多都是类似的。

我们回头可以对它做一个深入的研究和比较，当然我觉得这东西首先肯定是能概括出规律的一种文化现象，然后还需要进行一点信仰、民间信仰研究。这些东西如果现在我们研究、写文章，都没有问题，但是要去立课题，就必须有一个大家能够接受的，一个大家觉得有科学研究价值的题目，才可能立得起来。我们要真正地去报课题，必须尊重课题的那个规范，才能走得通。这样的话，从这种形式本身来说，它是既有历史承传又有大量信众存在的。那么从研究来讲，我们自己内部研究，要懂得很多的东西，我想我们必须得结合起来，才可能把我们的路走好。我想，不同的人从不同的角度，你从文字的角度，他从剪纸的角度，你从符箓的角度，他从美术的角度，擅长什么就从什么角度做文章。我说的这个意思就是，作为一个专门的研讨会，最好大家都说各自的观点，如果能进行一些碰撞就更好，帐书文化里面确实有很多东西，有很多很现代的表现方式，这种方式古代是绝对没有的，所以我觉得这里面不仅有很多古代遗产，而且还有很多现代的东西等待我们去研究。

九莲山帐书的表现形式多种多样，不仅只有画符，除了画符以外还有好多文学形式，道教文学有很多很多种样式，包括诗、青词。看到《明朝那些事儿》，这严嵩和皇帝拉关系靠什么啊，靠的是严嵩会写青词。其实，严嵩会写青词不是严嵩自己会写，是严嵩的儿子会写青词，所以他就受宠。后来取代他的那个丞相写的比严嵩写的还好，所以他就有了取严嵩而代之的资本。帐书这种载体，它有文字的,有书法的,有美术的,有很多类型的。它是种文学的东西,你看,魏晋南北朝时期有一种诗体叫"步虚辞",前面叫"步虚辞",后面叫"青词",说是用道教的这种境界来写诗,来写一种非常超脱的哲理诗。这是用可以看得懂的文字表现。还有就是用看不懂的文字进行表现,画得乱七八糟的(它里面有些文字也有梵文的影子)。

总之,九莲山西莲寺的帐书研究是一项艰巨的工作,涉及很多学科、很多知识,这才是真正的学术研究,而这正是我们要为河南省民间艺术努力研究的方向,我们的研究要想多出成果,出好成果,就需要各位同仁的共同努力!

附录 2　中心成立九莲山学术研究基地

经过与新乡市民间文艺家协会、九莲山旅游有限公司协商,我中心决定在九莲山设立学术研究基地。2011 年 4 月 22 日,中心人员在副主任曹阳教授、张玉峰书记的带领下赴九莲山参加基地成立的挂牌仪式。上午 10:00,在爆竹声中仪式开始,仪式由张玉峰书记

附图 2　张玉峰书记主持九莲山学术研究基地成立仪式

主持,曹阳教授、申法海主席分别代表中心和新乡民协致辞,随后由曹阳教授和新乡市文化新闻出版局副局长、新乡市非物质文化遗产保护工作专家委员会主任张太程先生代表双方揭牌。

仪式结束后,在申法海先生的指引下,中心人员与参加活动的新乡市相关领导一同参观了九莲山西莲寺的民俗艺术文化,并于下午 2:00 在西莲寺召开了九莲山民俗文化现场研讨会,会议由邵元珠副书记主持,与会人员就九莲山民俗文化的相关问题做了深入讨论,并就双方合作意向初步达成一致看法。

九莲山地处中原腹地,传统文化历史悠久。近年来,在新乡市民间文艺家协会和相关单位的努力下,九莲山的非物质文化遗产保护工作取得了显著的成绩,特别是对西莲寺写帐的原生态保护,做了不懈的努力,得到了众多专家的认可和支持。受申法海主席的邀请,我们中心也多次来到九莲山考察参观,对于其写帐文化的特点也有了初步的认识,而且很多"迷惑"也是可以逐步得到解读的,但这样的研究必须植根于文化产生的土壤。所以,在中心主任陈江风教授的倡导下,我们经过和申法海主席、郝山顺总经理等研讨沟通,决定在此建立这样一个研究基地,并得到了相关专家、领导的积极支持。

这个基地的成立,其意义和作用非常重要,一方面将会更有效地保护九莲山民俗文化,中心将和新乡市非遗单位一道促进九莲山非物质文化遗产的申报工作,我中心将会集中力量加强对九莲山非物质文化遗产的研究,特别是对其写帐艺术加强学术性研究,提高

附图3 曹阳教授、张太程副局长分别代表双方揭牌

其学术品位，在更高的层次上认识它、弘扬它；另一方面，河南民间美术的研究、非物质文化遗产人才的培养是我们中心的重点任务，我们也希望借这样的基地形成多样性的研究方向，同时为非物质文化遗产研究人才的培养建立一个良好的实践基地。

参加这次活动的人员有：

河南省民间文艺家协会副主席　乔台山　先生

新乡市文化新闻出版局副局长、新乡市非物质文化遗产保护工作专家委员会主任　张太程　先生

新乡市群众艺术馆馆长、新乡市非物质文化遗产保护中心主任刘卫国　先生

新乡市文化新闻出版局社会文化科科长、新乡市非物质文化遗

产保护工作专家委员会副主任　李志平　先生

　　新乡市非物质文化遗产保护中心办公室主任、新乡市非物质文化遗产保护工作专家委员会秘书长　王明磊　先生

　　新乡市民间文艺家协会主席、新乡市非物质文化遗产保护工作专家委员会委员　申法海　先生

　　新乡市民间文艺家协会副主席、秘书长　闫贞玲　女士

　　河南太行九莲山旅游有限公司总经理　郝山顺　先生

　　河南太行九莲山旅游有限公司常务副总经理　刘卫东　先生

　　河南太行九莲山旅游有限公司寺庙管理处经理　郝同谦　先生

　　郑州轻工业学院艺术设计学院院长、郑州轻工业学院非物质文化遗产研究中心副主任　曹　阳　教授

　　郑州轻工业学院艺术设计学院党总支书记　张玉峰　先生

　　郑州轻工业学院艺术设计学院副院长　任留柱　教授

　　郑州轻工业学院艺术设计学院党总支副书记　邵元珠　先生

　　郑州轻工业学院非物质文化遗产研究中心民间美术研究所主任　王恪松　教授

　　郑州轻工业学院非物质文化遗产研究中心副教授　赵　菲　女士

　　郑州轻工业学院非物质文化遗产研究中心副教授　杨　远　博士

　　郑州轻工业学院非物质文化遗产研究中心讲师　刘莉莉　女士

附录3 郑州轻工业学院非物质文化遗产研究中心简介

　　郑州轻工业学院非物质文化遗产研究中心成立于 2008 年 3 月。中心整合了艺术设计学院、外语系、法政学院、轻工职业学院等相关院系的人才优势，主要致力于民间美术、民间礼仪文化、民间文学的研究，设立了民间美术、美术考古、民俗文化三个研究室和一个民俗艺术馆。各研究室成员分别由教授、副教授、博士、讲师等组成。目前，中心有教授 6 人、副教授 9 人及讲师和助教数人，其中，拥有陈江风、王恪松、曹阳、赵菲等一批国内知名学者。

　　中心的建立已得到国家民协、河南省文化厅、河南省民协的大力支持，目前获批为中国民间文艺家协会学术研究基地和河南省非物质文化遗产研究基地，并和相关单位、民间艺术传承人进行了多方面的合作，已取得初步的成效和影响。

　　根据目前河南省非物质文化遗产保护和发展状况，中心制订了发展规划。其近期任务为搜集整理与河南省非物质文化遗产（特别是民间美术遗产）相关的最新资料，建立文献资料和信息档案库,同时组织合作申报相关学术科研课题。今后的长远目标为扩展国家级或省部级研究课题立项，召开有省内外同行学者参加的学术讨论会，加强与国内外同领域研究机构的学术联系与交流。同时，通过对河南民间美术遗产信息的整合，将信息转化为知识体系,在教育和社会发展需求中发挥作用,逐步有效地促进河南乃至全国相关的非物质文化遗产的保护和发展研究工作的开展。

中心欢迎有志于非物质文化遗产的相关研究保护工作的单位、个人来此交流与合作。

中心办公地址：郑州市金水区东风路 5 号郑州轻工业学院西五楼 111 号

邮　编:450003

电　话:0371-63556803

传　真:0371-63556803

中心主要学者简介

　　陈江风,男,汉族,1953 年 7 月生,湖南宁乡人,中共党员,教授,中国古代文学、民俗艺术学硕士生导师。1982 年毕业于河南大学中文系,留校任教;1984 年 9 月至 1985 年 7 月,在北京师范大学中文系做访问学者;1985 年 7 月至 2001 年 4 月,历任河南大学中文系古代文学教研室副主任、系主任秘书、系副主任,成人教育学院副院长、院长、教务处处长;2001 年 4 月至 2006 年 5 月,任南阳师范学院副院长、汉文化研究中心主任;2006 年 5 月至今,任郑州轻工业学院副院长、非物质文化遗产研究中心主任。获全国优秀教师、全国民协德艺双馨艺术家、河南省优秀专家等荣誉称号。兼任中国汉画学会副会长、中国神话学会副会长、河南省民俗学会常务理事、河南省民间文艺家协会副主席。长期致力于中国古代文学、文化学和

民俗学的研究，公开发表《河南非物质文化遗产的历史、现状及抢救保护》、《观念与中国文化传统》等学术论文 60 余篇，出版《中原文化大典·民俗卷》、《中原文化资源和文化强省战略》、《中原民间文化资源与河南文化强省建设》等专著 10 余部，主持"东方文明的曙光——中原神话价值论"、"中原民间文化资源与河南文化强省建设"等国家社会科学及省部级以上项目 10 余项。曾两次获得国家民间文学最高奖"山花奖"，获河南省社会科学一等奖，省委、省政府特别奖等多项。

　　曹　阳，男，汉族，1963 年 10 月生于河南郑州。1983 年 9 月至 1987 年 6 月，在原中央工艺美术学院（现清华大学美术学院）工业设计专业学习，1987 年 7 月至今在郑州轻工业学院任教，河南省教学名师，现为郑州轻工业学院艺术设计学院院长、非物质文化遗产研究中心副主任、设计艺术学工业设计方向硕士生导师。除承

担设计教育教学工作外，兼任河南省工业设计协会副会长，中国工业设计协会理事、河南省漫画协会副会长。主要研究方向是工业设计方法与应用研究、工业设计在环境设计中的应用研究。先后发表学术论文10余篇，其中有7篇发表于核心期刊，2篇获河南省工业设计学术研讨会优秀论文一等奖。《通用设计的方法与应用》发表于《河南社会科学》2004年第4期，引起了广泛好评，后此文被人大复印资料全文收录。编写著作、教材3部。主持或参与完成3项省级科研项目，主持完成1项与国内知名企业的合作开发项目。此外，住持完成的项目"多功能园艺机设计"、"速得DSO-2000型数字感光成像系统设计"、"通用设计的方法与应用"都获得了河南省优秀工业设计奖。

王恪松，男，1955年6月出生，教授，祖籍开封。1978年12月毕业于河南大学美术系。1982年12月至2007年3月在河

南教育学院任教。2007 年 4 月至今在郑州轻工业学院艺术设计学院任教。1998 年 7 月于中央美术学院史论系尹吉男教授主持的"中国当代美术批评与创作研修班"修满硕士研究生课程;于中国画系贾又福教授的山水画工作室研习山水画。2004 年 6 月,参加了由中央美术学院与美国哥伦比亚大学共同举办的"全国高等院校美术教育研修班",结业。2005 年于中国艺术研究院贾又福工作室做访问学者。现在主要讲授"中国山水画"课程及其理论研究。研究方向为中国山水画创作与绘画理论。先后发表论文 20 余篇,著作 5 部,主持完成省厅级科研项目 10 余项。

赵　菲,1985 年毕业于中央工艺美术学院史论系(现清化大学美术学院)。1990 年至今任职于郑州轻工业学院艺术设计学院。中国工艺美术协会纤维艺术专业委员会常务理事。1997 年 6 月至 1998 年 6 月自费到格鲁吉亚共和国第比利斯国家

美术学院进修纤维艺术设计。2006年1月至2006年7月公派到日本东京艺术大学做访问学者，专修首饰设计。主要从事工艺美术、民间美术的研究。先后发表论文10余篇，出版著作5部，主持参与完成多项省、厅级科研项目。

邵元珠，男，1969年11月生，山东临朐人，1995年毕业于郑州轻工业学院工业艺术设计系，2009年获江南大学工业设计工程硕士学位，现任郑州轻工业学院艺术设计学院党总支副书记。在繁忙的工作之余，主要致力于民间美术研究。近年来，在重要学术期刊发表学术论文《淮阳泥泥狗的艺术风格及其对现代吉祥物设计的启示》、《论中国民间美术对设计文化民族性的影响》等10余篇，主持和参与省厅级项目"女红艺术与当代女大学生情感培养研究"、"河南泥玩具和现代吉祥物设计研究"等10余项。

杨　远，男，1975 年 11 月生，河南南阳人，2007 年毕业于郑州大学历史学院，获得博士学位，2007 年到郑州轻工业学院艺术设计学院做教学和科研工作，中国汉画学会会员，主讲"设计史"、"美术史"、"建筑史"等课程。在全国重要学术刊物发表《河南北宋壁画墓的分期研究》(《考古与文物》2007 年第 3 期)、《浅谈商周青铜器上的人物形象》(《四川文物》2010 年第 3 期)、《试论商代青铜器造型和装饰艺术中的崇神思想》(《河南师范大学学报》2010 年第 2 期)等论文 20 余篇，主编、参编图书 2 部，主持、参与完成省厅级科研项目 10 余项，形成了以中国古代青铜器艺术、壁画艺术、民俗艺术为主的研究方向。

魏　华，女，1977 年 8 月生，河南省许昌市人，2003 年至 2006 年师从李福顺教授，2006 年 6 月在首都师范大学取得美术学博士学位。2006 年 7 月，到郑州轻工业学院艺术设计学院任教，现为美术系主

任,主要研究方向为美术理论。主讲"中国美术史"、"外国美术史"、"工艺美术史"、"中外建筑史"、"艺术概论"等课程。近年在全国各类学术期刊发表论文《河南省民间文化品牌建设研究》、《连环画与新中国大众美术教育》等20余篇,出版专著和教材3部,主持、参与完成各类科研项目10余项。

刘莉莉,女,1977年4月生,河南周口人,2004年毕业于郑州大学文化与传播学院,硕士学位。主要研究方向为美术考古、设计史论。2004年7月至今在郑州轻工业学院艺术设计学院任教,主讲"中外设计史"、"中外建筑史"、"艺术概论"、"中外美术史"等课程。近年在学术刊物上发表《论动画电影人物形象的多元化趋势》、《论苏轼的书法美学》、《设计艺术教育与民间美术的传承》等论文,参与编写教材4部,主持、参与各类科研课题10余项。

后 记

九莲山帐书文化现象被发现后,我中心多次受邀参加九莲帐书文化研讨会、组织考察调研。2011 年 4 月,我中心又在该地成立了"郑州轻工业学院九莲山学术研究基地"。几年来,中心的学者从不同角度开展研究,逐步形成了自己的看法和认识,于是在陈江风教授的提议下,我们决定写一部研究性的书籍,进一步揭示这种文化的特点,以充分认识其价值。我们从 2011 年初开始筹划这项工作,经过一年多的时间完成书稿,时间仓促,书中观点仅代表个人观点,难免有偏颇不当之处,敬请专家学者斧正!

我中心诸位学者在工作之余,付出了辛勤的劳动,现将各部分著述的分工记述如下。

本书的整体规划安排由陈江风、曹阳负责,

第一章和第二章第一节、第二节由杨远完成；第二章第三节由杨远、轩玉琴共同完成；第二章第四节由刘莉莉完成；第三章由陈江风完成；第四章由邵元珠完成；第五章由赵菲完成。附录部分由杨远、李素玉根据研讨会录音整理。初稿成形后，由陈江风进行统稿。

本书能够顺利付梓，感谢各位学者的辛勤劳动，感谢郑州轻工业学院艺术设计学院各位领导的支持！

此外，河南省民间文艺家协会主席夏挽群先生、副主席乔台山先生、秘书长程建君先生也在百忙之中给予了相关支持和指导，新乡市民间文艺家协会、九莲山景区也为调研工作给予了诸多帮助，特别是新乡市民间文艺家协会主席申法海先生、九莲山景区的王霞女士提供了部分照片资料，为本书增色不少，在此一并致以衷心的感谢！

郑州轻工业学院非物质文化遗产研究中心

2012 年 5 月